はじめに

楽譜を読んでいて、記号や用語の意味を知りたくなったとき、今ではインターネットやスマートフォンのアプリなどで簡単に調べることができますね。とても便利なので、私も困ったときにはついつい頼ってしまいます。一方、それらを書いた作曲家たちは、一つひとつの記号や用語に思いや意志を込め、時に迷いながらも覚悟を決めて書いたはず。彼らの「ココロ」は、検索しても見つかりません。そもそも、記号や用語は演奏指示にすぎない、いわば道路標識のように見えて、どれほど書き手の思い入れがあるかなんて、あまり深く考えないかもしれません。

でも、例えばスタッカート。私の場合、小さなあの点1つを、書こうか書くまいかで何日も悩むことがあります。音を短く切ろうか切るまいか、スタッカートを書くとパサついた音になってしまわないか、書かないとニュアンスが重くなってしまわないか……。書いては消しを繰り返した末、「これでいい！」と、確信を持ってあの点を1つ、書きます。

楽譜を読むとき、「作曲家はどうしてこの記号（用語）を書いたのか?」と想像してみる。それは、作曲家と時空を超えた対話をすることです。その視点で楽譜を見るようになると、音楽ライフは劇的に変わります。例えば演奏であれば、早く上達します。自分なりの考えを表現したいという気持ちになり、練習を工夫するようになるからです。記号・用語に出会って、その意味を調べたら、ちょっと“意図”にも目を向けてみることが、実はあなたらしい魅力的な演奏への早道となるのです。

高校時代の私自身がまさにそうでした。特に練習時間を増やしているわけではないのに、作曲家との対話の時間を作るようになってからは、みるみる上達していき、なかなか通らなかったピアノコンクールも次々と勝ち抜くようになりました。何より、楽譜から読み取れるものが多くなり、解釈するということ、ピアノを弾くことがおもしろく、夢中になりすぎて（受験も近づいているというのに！）、挙げ句の果てには、本業である作曲の先生に叱られてしまったほど……。逆に、作曲家

TODOROKI CHIHIRO’S
MUSIC ENCYCLOPEDIA

いちばん親切な

音楽記号用語事典

轟 千尋
編著

新星出版社

と対話をすることを知らない頃の自分は、感覚や他者の演奏に頼ったり真似したりするしかなく、いつまでも自分ならではの演奏にたどり着くことはできませんでした。

本書では、記号や用語の意味をわかりやすく解説するとともに、それを書いた作曲家の「ココロ」にも想像を向けていただけるよう、「作曲家のココロ」「ちひろのつぶやき」を添えました。どんなに小さな記号も、書き手の様々な思いやドラマをまとっているということが、少しでもかいま見えるものになればと思っています。

作曲家たちの心の中を想像したり推理したりすることは、楽譜を読むことを何倍にも楽しくさせてくれます。作曲家の知性に触れ、音楽の奥深さを知ることができます。自分ならではの演奏をすることができます。そして、感動できる機会を倍増させてくれます。本書が、みなさまの想像力をかきたて、推理力を高め、音楽することがさらにおもしろく、そしてより幸せな時間となりますように、願っています。

轟 千尋

この本の特徴

- 楽譜でよく見る音楽記号や用語の意味が、簡潔な解説ですぐにわかります。
- 「解説」や「豆知識」、記号の「書き方」などを丁寧に紹介しているので理解が深まります。

- 語源のイメージをふんだんにご紹介しています。→その言葉を選んだ作曲家の意図を推理しやすくしています。
- 「作曲家のココロ」や「ちひろのつぶやき」で、作曲家の視点を紹介します。

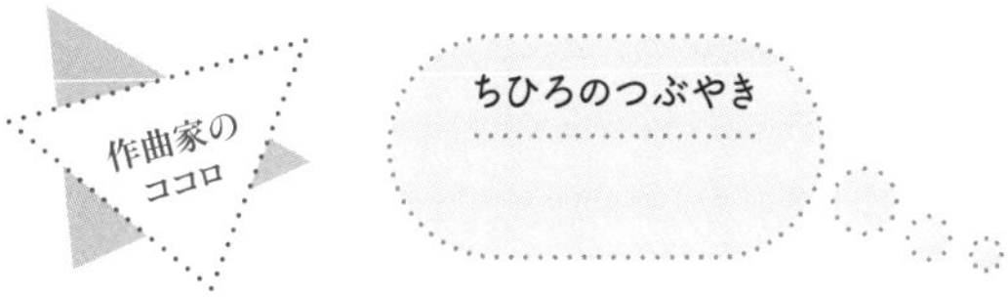

記号・用語の探し方

記号の名前がわからないときは?

⟶ **形で引けるインデックス**(→p.8〜p.11)で
探してみてください。

日本語やカナから調べたいときは?

⟶ 巻末の **50音順 インデックス**(→p.194〜p.199)で
探してみてください。

アルファベットの記号・用語・略語を調べたいときは?

⟶ 巻末の **ABC順 インデックス**(→p.200〜p.207)で
探してみてください。

凡例

- 本書で取り上げる記号や用語は、主にクラシック音楽の楽譜に登場するものです。
- 外国語の日本語表記は、なるべく現地の発音に近いカナ表記を用いましたが、日本で定着している表記を採用している場合もあります。
- 用語の欧文表記には下記の略号を付しました。
  (英)英語　(伊)イタリア語　(独)ドイツ語　(仏)フランス語　(ラ)ラテン語
  (略)略語　(複)複数形　同同義語
- (伊)(独)(仏)(ラ)には参考としてカナ読みを付けました。
- 見出し語は、各章で扱う内容別にまとめて掲載しました。ただし「発想用語」の章では、欧文の発想用語をABC順に配列しています。
- 既存曲の譜例は、適宜簡略化しており、原曲どおりでない場合があります。譜例の拍子記号や速度記号に(　)がついている場合は、楽曲の途中を抜き出したことを示しています。
- 音名については日本での慣例に従い、主に「ドレミファソラシ」を使用しています。ドイツ語や英語の音名については、次ページの「音名一覧表」を参照。

音名一覧表

ド　レ　ミ　ファ　ソ　ラ　シ

日本語	ハ	ニ	ホ	ヘ	ト	イ	ロ
英語	C《シー》	D《ディー》	E《イー》	F《エフ》	G《ジー》	A《エー》	B《ビー》
ドイツ語	C《ツェー》	D《デー》	E《エー》	F《エフ》	G《ゲー》	A《アー》	H《ハー》

ド♯　レ♯　ミ♯　ファ♯　ソ♯　ラ♯　シ♯

日本語	嬰《えい》ハ	嬰《えい》ニ	嬰《えい》ホ	嬰《えい》ヘ	嬰《えい》ト	嬰《えい》イ	嬰《えい》ロ
英語	C♯《シー・シャープ》	D♯《ディー・シャープ》	E♯《イー・シャープ》	F♯《エフ・シャープ》	G♯《ジー・シャープ》	A♯《エー・シャープ》	B♯《ビー・シャープ》
ドイツ語	Cis《ツィス》	Dis《ディス》	Eis《エイス》	Fis《フィス》	Gis《ギス》	Ais《アイス》	His《ヒス》

ド♭　レ♭　ミ♭　ファ♭　ソ♭　ラ♭　シ♭

日本語	変《へん》ハ	変《へん》ニ	変《へん》ホ	変《へん》ヘ	変《へん》ト	変《へん》イ	変《へん》ロ
英語	C♭《シー・フラット》	D♭《ディー・フラット》	E♭《イー・フラット》	F♭《エフ・フラット》	G♭《ジー・フラット》	A♭《エー・フラット》	B♭《ビー・フラット》
ドイツ語	Ces《ツェス》	Des《デス》	Es《エス》	Fes《フェス》	Ges《ゲス》	As《アス》	B《ベー》

目次

作曲家のココロ

奏法記号

楽器の奏法記号

発想用語

その他の用語

スコア

形で引けるインデックス

直線・四角・斜線

線・丸・波線

ト音記号 →p.14

ヘ音記号 →p.14

ハ音記号 →p.15

音符 →p.24-25

二全音符 →p.31

休符 →p.28-29

4分の4拍子 →p.49

2分の2拍子 →p.47

スラー →p.113
レガート →p.137

タイ →p.113

フェルマータ →p.114

メッゾ・スタッカート →p.111

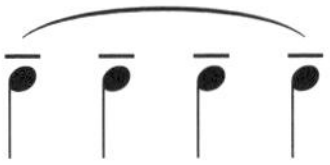
ポルタート →p.114、137

フラット →p.55

ダブル・フラット →p.55

セーニョ →p.78

コーダ・マーク →p.78

ペダル →p.131

ペダル →p.131

ブレス →p.115、157

トリル →p.119

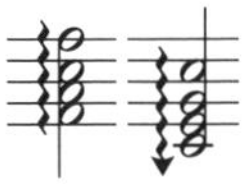
アルペッジョ →p.123

グリッサンド →p.125

点

付点音符 →p.33-34

付点休符 →p.35-36

複付点音符 →p.38

複付点休符 →p.39

ヘ音記号 →p.14

フェルマータ →p.114

リピート記号 →p.76

セーニョ →p.78

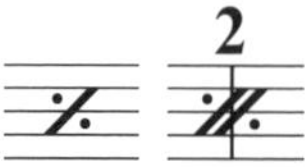

省略記号 →p.81

スタッカート →p.111
スピッカート →p.138

リコシェ →p.138

メッゾ・スタッカート →p.111

メッゾ・スタッカート →p.111
ポルタート →p.137

音符＋記号（点以外）

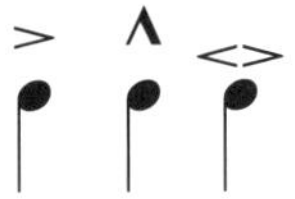
アクセント →p.108

テヌート →p.113
デタシェ →p.137

スタッカティッシモ →p.111
マルトレ →p.138

前打音 →p.118

トリル →p.119

モルデント →p.120

プラルトリラー →p.120

ターン →p.121

開放弦 →p.135

開放弦 →p.135
ハーモニクス →p.146、148
アペルト →p.149

ダウン・ボウ →p.136

アップ・ボウ →p.136

ピッツィカート →p.139
ゲシュトップフト →p.149

バルトーク・ピッツィカート →p.139

数字

オクターヴ・ト音記号 →p.19
オクターヴ・ヘ音記号 →p.19

8va *8vb*
オッターヴァ・アルタ →p.20
オッターヴァ・バッサ →p.20

15ma *15mb*
クインディチェジマ・アルタ →p.21
クインディチェジマ・バッサ →p.21

連符 →p.42-44

拍子記号 →p.46-49

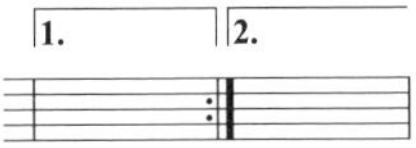

1番括弧、2番括弧 →p.76

♩=120 メトロノーム記号 →p.85

指番号 →p.128、136

大休符 →p.178

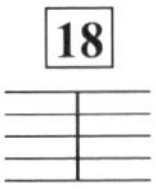

リハーサル番号 →p.178

小節番号 →p.178

五線譜 ごせんふ　㊮ five-line staff

5本の平行線で音を書き表す楽譜。上下方向に音の高さを、右方向に時間の流れを示す。

縦線 じゅうせん　㊮ bar line

小節を区切るために、五線に垂直に引かれる線。「小節線」ともいう。

複縦線 ふくじゅうせん　㊮ double bar

曲の段落、拍子や調号（→p.63）の変化を示すために、五線に垂直に引かれる2本の線。

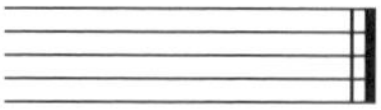

終止線 しゅうしせん　㊮ great double bar

複縦線の2本目の線を太く書いて、曲の終わりを示す。

解説 五線譜の基本

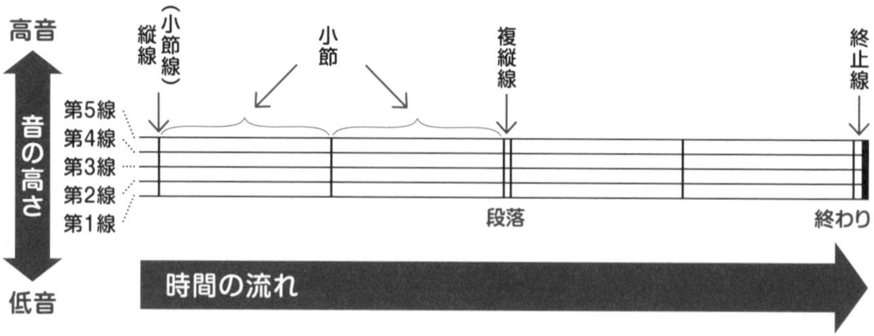

作曲家のココロ

終止線を引く瞬間の喜び

終止線は曲の終わりを示すためのよく見慣れた二重線ですが、これを引くときの作曲家の気持ちを想像したことはありますか？ これぞまさに山の頂上にたどり着いたような達成感！ 私は、どんな規模の曲であっても、終止線を引いた瞬間、毎回ホッとため息がこぼれます。

曲のところどころが空白になっていたり、悩んでいる箇所があったりしても、終止線が引けたということは音楽の全容がほぼ見えたということ。登頂できた喜びというのはやはりこの上ないものなのです！（そこから推敲がはじまり、下山もまたたいへんなのですが……。）すっと引かれる垂直な線に、私はその曲を完成させるまでの作曲家の苦労、これでいいのだという覚悟や潔さをいつも想像します。でもこれは、印刷譜ではなかなか感じにくいことかもしれませんね。

左はスケッチの終止線、右は清書の終止線。

音部記号 おんぶきごう ㊮ clef

五線の左端に置かれ、音の高さを決める記号。

ト音記号 とおんきごう ㊮ G clef

ト音（ソ）を示す記号。「高音部記号」ともいう。

書き方

五線の第2線（**ト音＝ソ＝G**）を渦巻の起点として**一筆**で書く。

ト音記号は「G」の形を図案化したもの。

ヘ音記号 へおんきごう ㊮ F clef

ヘ音（ファ）を示す記号。「低音部記号」ともいう。

書き方

五線の第4線（**ヘ音＝ファ＝F**）から弧を書き、第4線の上下に：を書き、「ファ」の高さを示す。

ヘ音記号は「F」を図案化したもの。

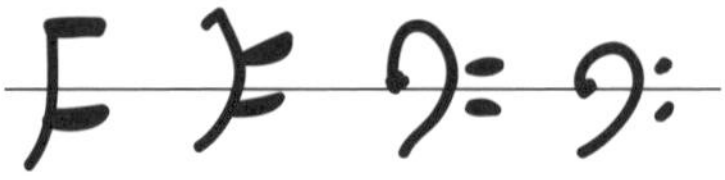

ハ音記号　はおんきごう　㊇ C clef

ハ音（ド）を示す記号。「中音部記号」ともいう。五線の中の書かれる位置によって、「ソプラノ記号」「メッゾ・ソプラノ記号」「アルト記号」「テノール記号」などと呼ばれる（→p.16）。

書き方

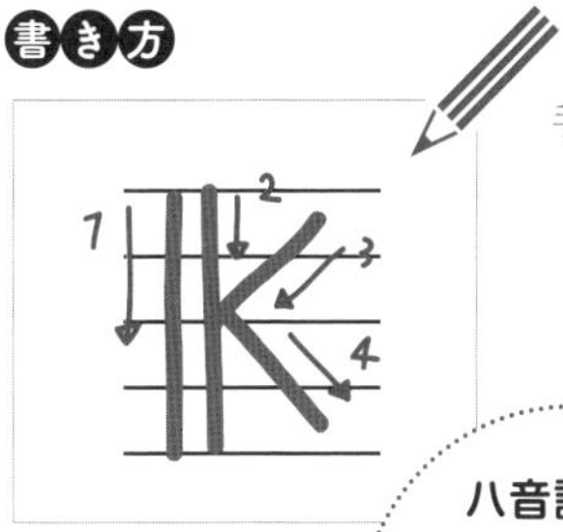

手書きではこのように省略して書く。

ハ音記号は「C」の形を図案化したもの。

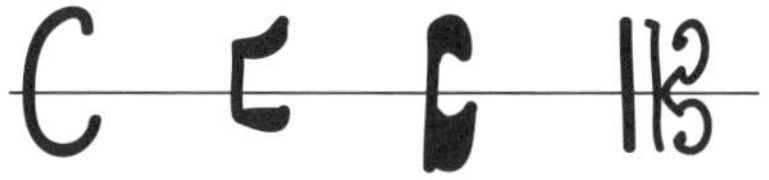

解説　各音部記号の基準となる音の高さ

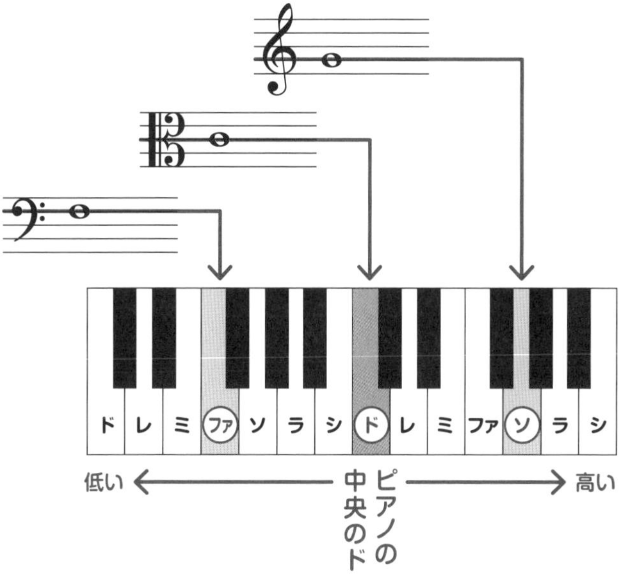

解説 ハ音記号の種類

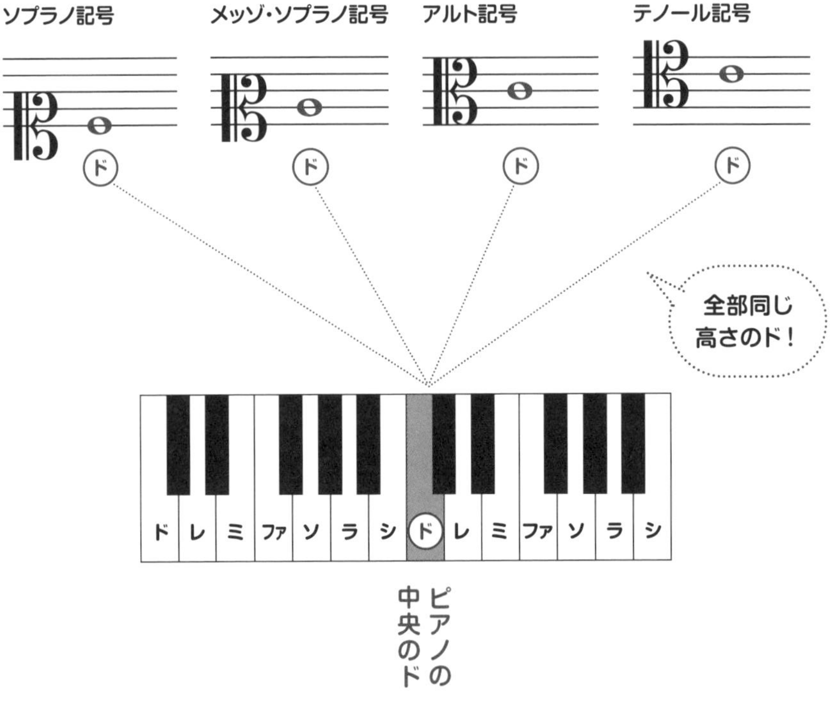
ソプラノ記号
メッゾ・ソプラノ記号
アルト記号
テノール記号
ド
ド
ド
ド
全部同じ
高さのド！
ド レ ミ ファ ソ ラ シ ド レ ミ ファ ソ ラ シ
ピアノの
中央のド

アルト記号は
ヴィオラの楽譜で
よく使われてるよ
ヴィオラ

譜表 ふひょう 英 staff

五線と音部記号を組み合わせて、音の高さを表す。

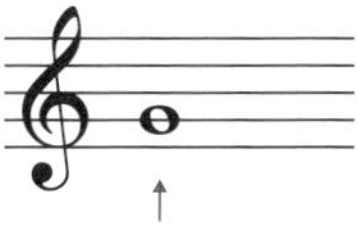

↑
ト音（ソ）

ト音譜表 とおんふひょう 英 treble staff

ト音記号が用いられた譜表。五線の左端にト音記号を記す。

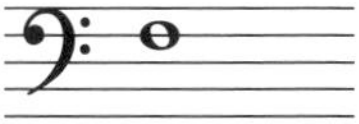

↑
ヘ音（ファ）

ヘ音譜表 へおんふひょう 英 bass staff

ヘ音記号が用いられた譜表。五線の左端にヘ音記号を記す。

↑
ハ音（ド）

ハ音譜表 はおんふひょう

ハ音記号が用いられた譜表。五線の左端にハ音記号を記す。

豆知識

大譜表

2段以上の譜表を上下につないだ楽譜を「大譜表」という。左側に大括弧をつけ、縦線でつなぐ。ピアノやオルガン、ハープなど、音域の広い楽器に用いられる（→p.128、148）。

解説 よく使われる譜表

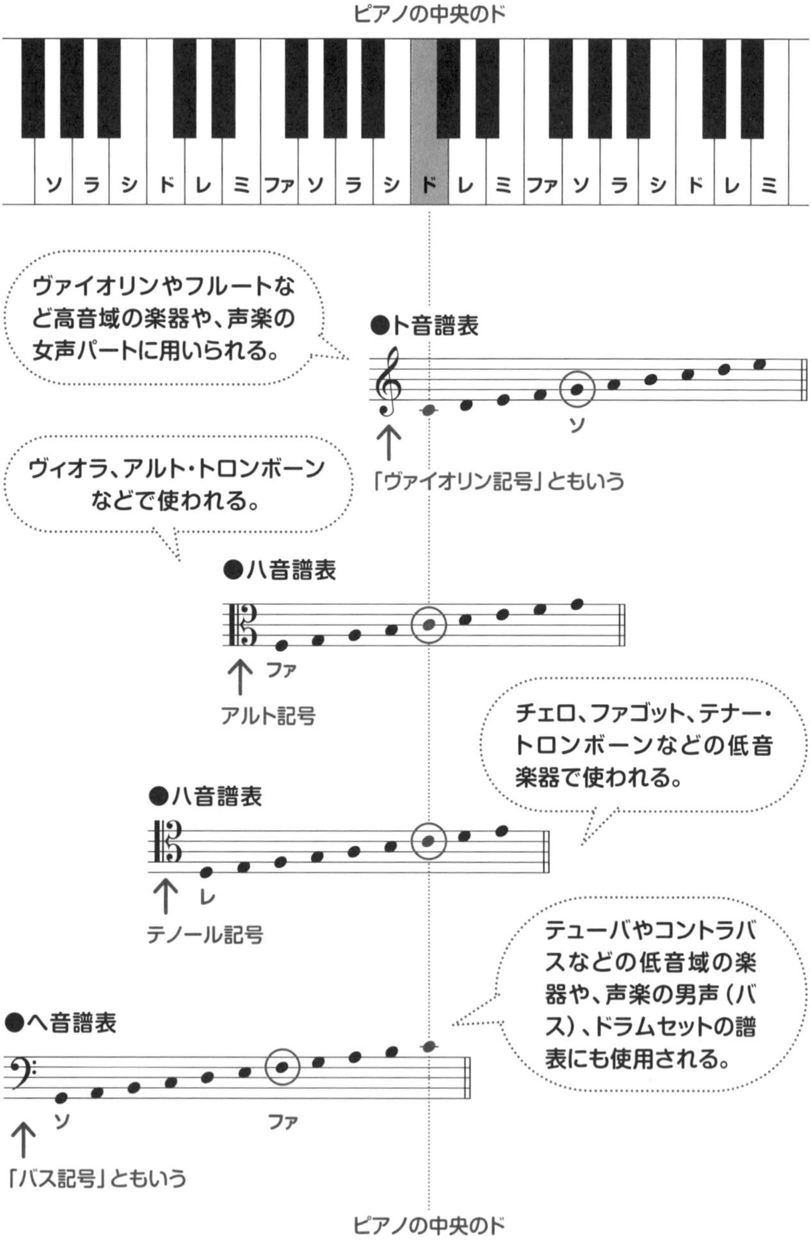
ピアノの中央のド
ソ ラ シ ド レ ミ ファ ソ ラ シ ド レ ミ ファ ソ ラ シ ド レ ミ
ヴァイオリンやフルートなど高音域の楽器や、声楽の女声パートに用いられる。
●ト音譜表
ソ
「ヴァイオリン記号」ともいう
ヴィオラ、アルト・トロンボーンなどで使われる。
●ハ音譜表
ファ
アルト記号
チェロ、ファゴット、テナー・トロンボーンなどの低音楽器で使われる。
●ハ音譜表
レ
テノール記号
テューバやコントラバスなどの低音域の楽器や、声楽の男声（バス）、ドラムセットの譜表にも使用される。
●ヘ音譜表
ソ
ファ
「バス記号」ともいう
ピアノの中央のド

オクターヴ・ト音記号

オクターヴ・とおんきごう
㊧ octave treble clef

通常のト音記号の上に「8」を書き、1オクターヴ高い音域を示す。
通常のト音記号の下に「8」を書き、1オクターヴ低い音域を示す。

解説 オクターヴ・ト音記号の用例

下は、テノールパートがオクターヴ・ト音記号で書かれた混声合唱の楽譜。テノールは、1オクターヴ下の音で歌われる。音域の判断がつく場合、オクターヴ・ト音記号の「8」は省略されることも多い。

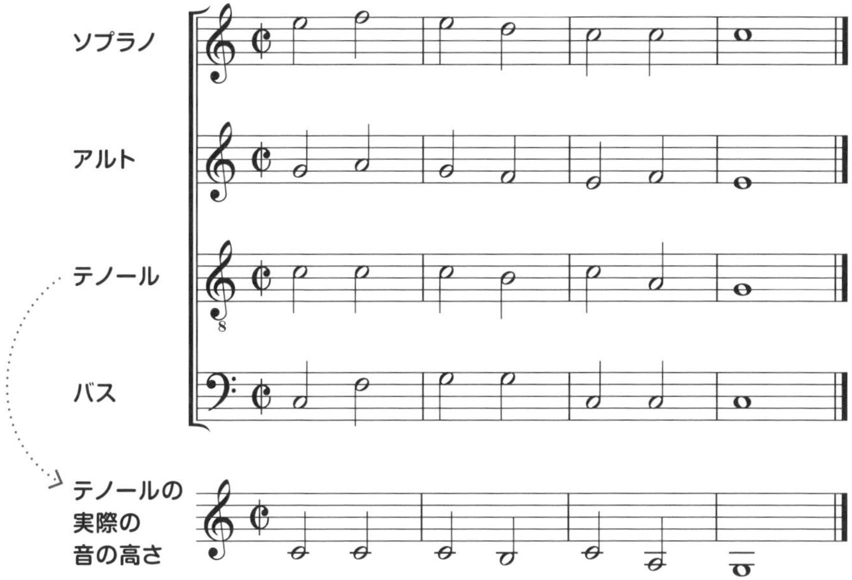

オクターヴ・ヘ音記号

オクターヴ・へおんきごう
㊧ octave bass clef

通常のヘ音記号の下に「8」を書き、1オクターヴ低い音域を示す。

加線 かせん ㊮ added line

五線の中に収まらない高さの音を示すための補助線。

解説 加線のつけ方

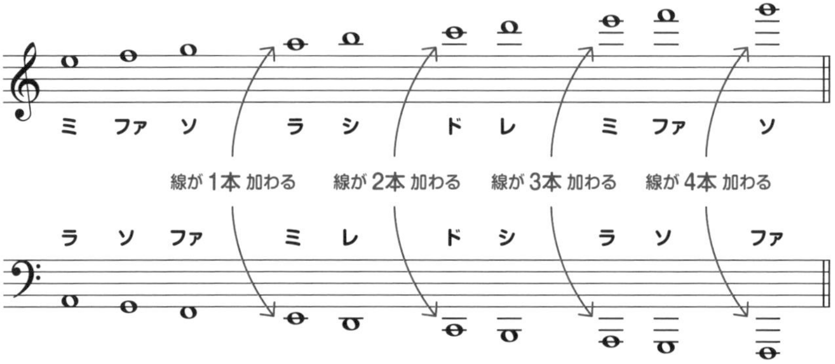

加線が多くなって読みにくくなる場合、
こんな記号を使う。
8va、15maなどを「オクターヴ記号」という。

8va

(8va alta)

オッターヴァ・アルタ ㊇ ottava alta ㊭ 8va alta

記譜した音より1オクターヴ高く演奏する。

8va

(8va bassa)

オッターヴァ・バッサ ㊇ ottava bassa ㊭ 8va bassa

記譜した音より1オクターヴ低く演奏する。「8vb」と書くこともある。

15ma クインディチェジマ・アルタ

(15ma alta)

㊙ quindicesima alta　㊙ 15ma alta

記譜した音より2オクターヴ高く演奏する。

15ma クインディチェジマ・バッサ

(15ma bassa)

㊙ quindicesima bassa　㊙ 15ma bassa

記譜した音より2オクターヴ低く演奏する。「15mb」と書くこともある。

解説 記譜と実音（実際の音）

「8va」を「8」、「15ma 」を「15」と略して書くこともある。

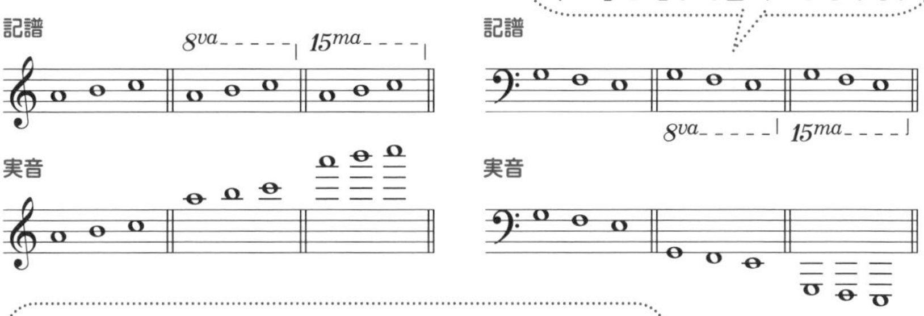

ずいぶん違う高さに見えるけど、①と②は同じ音だよ！

① 実音

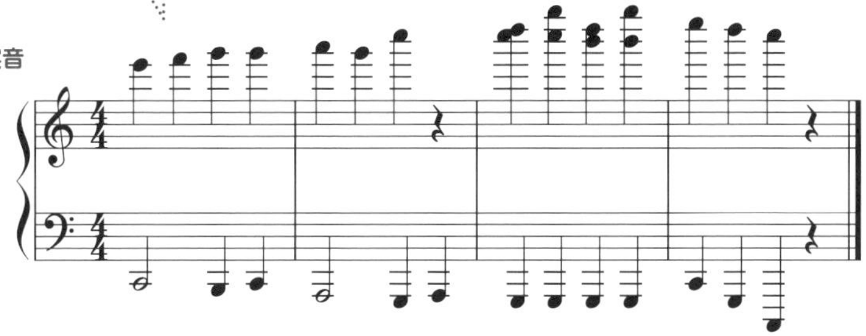

② 記譜

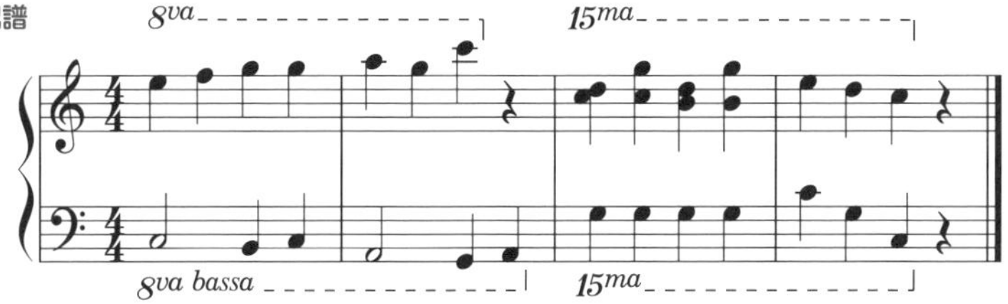

loco ローコ ㊞ ㊓ lo.／loc.

「元の位置で」の意。オクターヴ記号によって、音域を移動したあと、記譜どおりの高さに戻るときに使われる。注意喚起のために書かれる。

解説 記譜と実音（実際の音）

記譜

実音

豆知識

オクターヴって何?

ある音から数えて8番目の音を「オクターヴ」という。たとえば、「ドレミファソラシド」の最初の「ド」と、最後の「ド」の関係が「オクターヴ」。同様に、「ラソファミレドシラ」の最初の「ラ」と、最後の「ラ」の関係を「オクターヴ」という。

ちひろのつぶやき

8va記号は読みやすくするための記号ですが、高音楽器のヴァイオリン奏者やフルート奏者にとっては、視覚的な印象や指使いの都合から8va表記はかえって読みにくく、あえて加線が多いまま書きます。

作曲家のココロ

楽譜を「読む」ということ

大学時代、私の作曲の先生は、先輩たち含め4〜6人を一緒にレッスンをしてくださいました。他の人の作品を読むためです。

レッスンの前半は、私たち弟子が書いた作品の楽譜を、先生は机の上で静かに読んでいきます。私の拙い楽譜を見ては、考えたこと、チャレンジしたところ、悩んだところ、ちょっと怠けたところ……ピアノで音を鳴らさずとも、楽譜を眺めるだけで何でもお見通しでした。

後半は、大作曲家のオーケストラスコアを皆で読んでいくのですが、先生はいつも目をキラキラさせて、本当に楽しそうに幸せそうに、曲の作りや作曲家の意図、そして音楽の素晴らしさを語ってくれました。どうしたら先生のように、楽譜から何でも読みとれるようになるんだろう……心の底から憧れていました。

時が経った今、あの時よりほんの少しは、楽譜から作曲家の考えがわかるようになってきましたが、先生のようになるまでにはまだまだ時間がかかります。それでも、「音楽を書く」ことを学んでからは、大作曲家の楽譜の見え方がどんどん変わっていきました。楽譜の奥深さ、楽譜を読んで考えを巡らせることの大切さとおもしろさに気がついたのです。

音符 おんぷ 英 note

音の高さや長さを書き示すための記号。黒や白の丸と縦ぼうなどの形状によって音の長さを表し、五線上の位置によって音の高さと音の出るタイミングを表す。

全音符 ぜんおんぷ 英 whole note

音の長さを分割するときの基準となる音符。

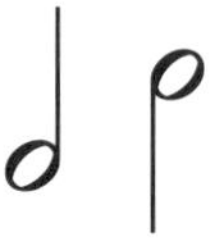

2分音符 にぶ(ん)おんぷ 英 half note

全音符の2分の1の長さの音符。
白いたまに上または下向きのぼうがつく。

4分音符 しぶ(ん)おんぷ 英 quarter note

全音符の4分の1の長さの音符。
黒いたまに上または下向きのぼうがつく。

書き方

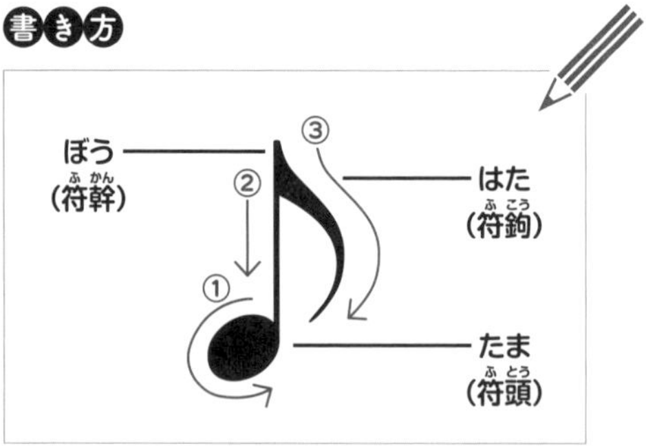

ぼうとはたを合わせた（たま以外の）部分を「符尾《ふび》」という。

8分音符　はちぶ(ん)おんぷ　㊮ eighth note

全音符の8分の1の長さの音符。
黒いたまに上または下向きのぼうとはたがつく。

16分音符　じゅうろくぶ(ん)おんぷ　㊮ sixteenth note

全音符の16分の1の長さの音符。
黒いたまに上または下向きのぼうと2本のはたがつく。

32分音符　さんじゅうにぶ(ん)おんぷ　㊮ thirty-second note

全音符の32分の1の長さの音符。
黒いたまに上または下向きのぼうと3本のはたがつく。

書き方

中央の線を境に、
ぼうの上下の向きが変わる。

中央の線より上の音符：
ぼうは下向きで、たまの左側に書く。

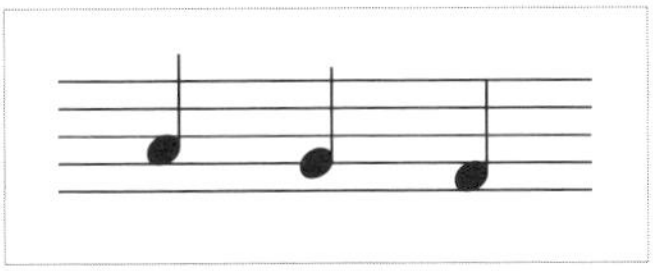

中央の線より下の音符：
ぼうは上向きで、たまの右側に書く。

はたはいつも右側に書く。

正しい音符を書いてみよう！

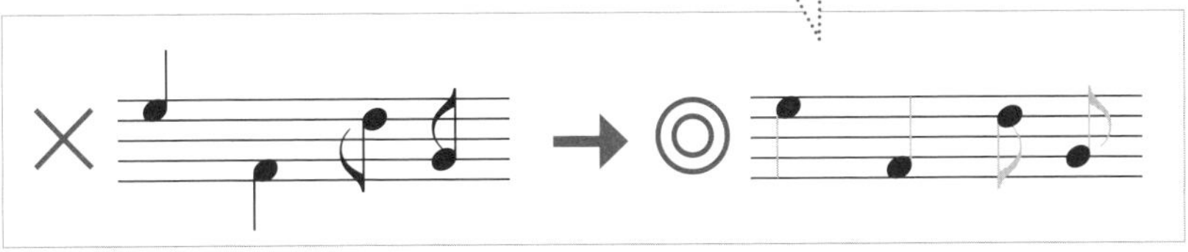

解説 連桁

はたのある音符が2つ以上続くとき、連桁《れんこう》（横線）でまとめることができる。

ごちゃごちゃ　　すっきり！

連桁は拍（→p.47）の単位を示すのに使われるよ！

解説 1段に複数のパートをまとめるとき

ぼうが上向きの音符と下向きの音符を用いて、2つのパートを1段の五線に書くことができる。

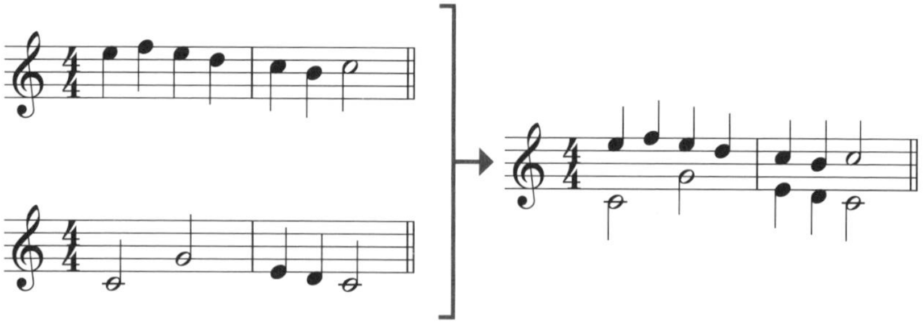

ちひろのつぶやき

メロディの流れや拍のまとまりがすぐに見えるような、わかりやすくて美しい楽譜を書くのは、楽譜を書くときのマナーみたいなものかもしれませんね。

作曲家の
ココロ

作曲家はどうやって音符を選ぶの？

作曲の仕方は人それぞれ。時代にも慣習にもよります。

私はまず主題を決めます。主題が浮かぶのは早いほうなのですが、問題はそこから先。ピアノの譜面台に五線紙を広げ（気合いが入る瞬間です！）、何度もピアノを弾いたり、音を鳴らさず展開を頭の中で考えたりして、「これだ！」という直感を待ちます。これがなかなかやってこない……何時間も何日も……。待ちに待った「これだ！」に出会えたその瞬間、それがもしピアノを弾いているときなら、手は瞬時に鍵盤から離れ、反射的に鉛筆を手に取り、五線紙に向かいます。早く書きとめたくて興奮しているときほど、鉛筆を落としたり折ったりするし、消す時間が惜しくて塗りつぶしたり、上から重ね書きしていたりして、後から見ると何の音を書いたか自分でも読めないなんてことがしょっちゅう……。

4 分音符にどんな意味があるか、32 分音符をなぜ選ぶのか、そういったことは、音楽を書く時にはあまり意識しません。その音符がどうしても必要だから書きとめる、ただそれだけのこと。その音符でなければならない何かが、作曲家それぞれにあるのだと思います。

休符 きゅうふ ㊍ rest

音のない部分の長さを書き示すための記号。「休止符」ともいう。全休符を基準として、以下のような種類がある。

全休符 ぜんきゅうふ ㊍ whole rest

音の休止の長さを分割するときの基準となる休符。

2分休符 にぶ(ん)きゅうふ ㊍ half rest

全休符の2分の1の長さの休符。

4分休符 しぶ(ん)きゅうふ ㊍ quarter rest

全休符の4分の1の長さの休符。

8分休符 はちぶ(ん)きゅうふ ㊍ eighth rest

全休符の8分の1の長さの休符。

16分休符 じゅうろくぶ(ん)きゅうふ 英 sixteenth rest

全休符の16分の1の長さの休符。

32分休符 さんじゅうにぶ(ん)きゅうふ 英 thirty-second rest

全休符の32分の1の長さの休符。

書き方

上から2番目の線にぶら下げる。

中央の線に乗せる。

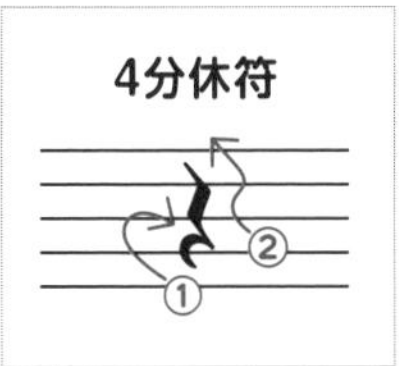

下から書く。

上から書く。

横線を2本。

休符の五線上の位置は基本的には同じになるが、2声部以上が1段で書かれる場合など（→p.26）には、どの声部の休符かわかるよう、位置をずらして書く。

解説　音符と休符の種類と長さの比較

音符の種類	全音符を1としたときの長さの比		4分音符を1としたときの長さの比	休符の種類
全音符	1	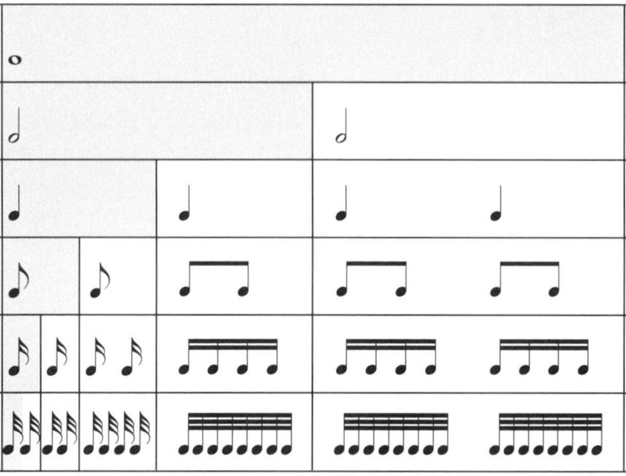	4	全休符
2分音符	1/2		2	2分休符
4分音符	1/4		1	4分休符
8分音符	1/8		1/2	8分休符
16分音符	1/16		1/4	16分休符
32分音符	1/32		1/8	32分休符

豆知識

何拍子であっても全休符

全休符は、拍子記号（→p.46）に関係なく、1小節休む場合にも使われる。

全休符って、
いつも4分休符4つ分
休むわけじゃないんだね。

こんな音符や休符もある！

二全音符　にぜんおんぷ　㊮ breve

全音符2つ分の長さの音符。「倍《ばい》全《ぜん》音《おん》符《ぷ》」ともいう。

二全休符　にぜんきゅうふ　㊮ breve rest

全休符2つ分の長さの休符。「倍《ばい》全《ぜん》休《きゅう》符《ふ》」ともいう。

ちひろのつぶやき

曲が長いオーケストラや吹奏楽などでは、大休符やtacetなど、さらに長い休符も使われます（→p.178）。

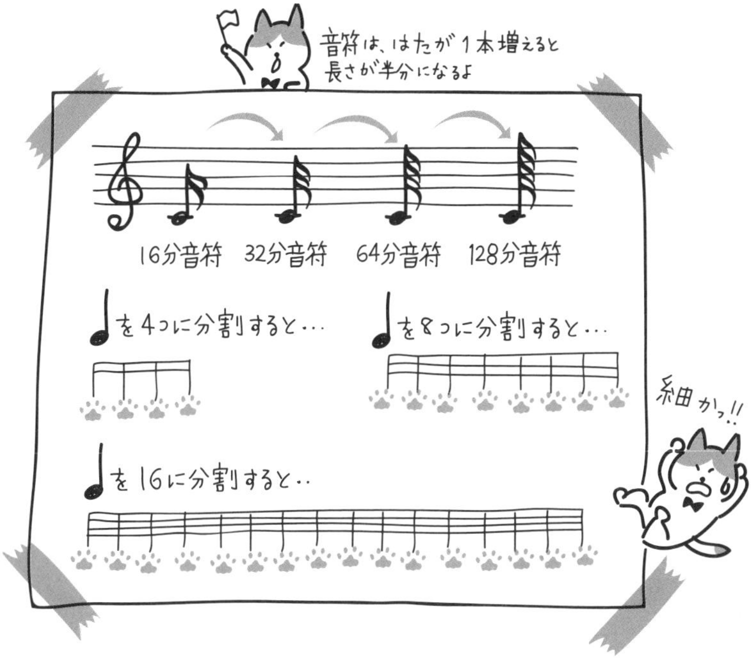

作曲家のココロ

休符に込めるもの

私の場合、どんなねらいで休符を書いているのかを、改めて考えてみました。

リズムに躍動感を与えるため
美しく自然なフレーズにするため
息継ぎのため
場面転換のため
緊迫感を生み出すため
弾きやすさの配慮のため
「沈黙」を聴きたいため……

休符は「お休み」の記号として捉えられますが、作曲家は静寂や間、沈黙によって生まれる緊張感やメリハリが必要だと考えたときにも、休符を書くのかなと思います。長い沈黙が破られた瞬間の興奮や喜びは休符でしか表現しえないものですし、休符の効果によってこそ感動を生んでいる音楽はたくさんあります。

一度、休符にだけ注目して楽譜を眺めてみてください。普段と楽譜の景色が違って見えて、おもしろいものです。

付点音符 ふてんおんぷ ㊮ dotted note

音符の右側につける点を「付点」という。付点がつくと、元の音符の半分の長さが加えられ、1.5倍の長さになる。付点のついた音符を「付点音符」という。

付点全音符 ふてんぜんおんぷ ㊮ dotted whole note

全音符の1.5倍の長さの音符。

付点2分音符 ふてんにぶ（ん）おんぷ ㊮ dotted half note

2分音符の1.5倍の長さの音符。

付点4分音符 ふてんしぶ（ん）おんぷ ㊮ dotted quarter note

4分音符の1.5倍の長さの音符。

付点8分音符 ふてんはちぶ（ん）おんぷ ㊮ dotted eighth note

8分音符の1.5倍の長さの音符。

付点16分音符

ふてんじゅうろくぶ（ん）おんぷ
㊮ dotted sixteenth note

16分音符の1.5倍の長さの音符。

付点32分音符

ふてんさんじゅうにぶ（ん）おんぷ
㊮ dotted thirty-second note

32分音符の1.5倍の長さの音符。

たまが線の間にあるときは、
たまの右横に点をつける。

書き方

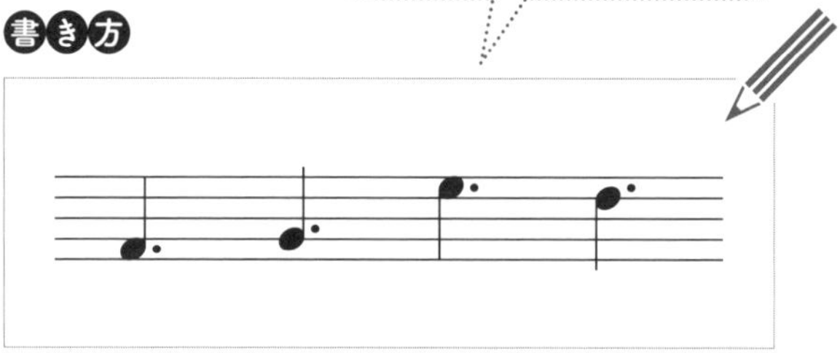

たまが線の上にあるときは、
たまの斜め右上に点をつける。

付点休符 ふてんきゅうふ　㊮ dotted rest

休符の右側につける点を「付点」という。付点がつくと、元の休符の半分の長さが加えられ、1.5倍の長さになる。付点のついた休符を「付点休符」という。

付点全休符 ふてんぜんきゅうふ　㊮ dotted whole rest

全休符の1.5倍の長さの休符。

付点2分休符 ふてんにぶ（ん）きゅうふ　㊮ dotted half rest

2分休符の1.5倍の長さの休符。

付点4分休符 ふてんしぶ（ん）きゅうふ　㊮ dotted quarter rest

4分休符の1.5倍の長さの休符。

付点8分休符 ふてんはちぶ（ん）きゅうふ　㊮ dotted eighth rest

8分休符の1.5倍の長さの休符。

ちひろのつぶやき

現代では、休符は付点を使わずに
書かれることがあります。

付点16分休符

ふてんじゅうろくぶ（ん）きゅうふ
㊧ dotted sixteenth rest

16分休符の1.5倍の長さの休符。

付点32分休符

ふてんさんじゅうにぶ（ん）きゅうふ
㊧ dotted thirty-second rest

32分休符の1.5倍の長さの休符。

解説 付点音符と付点休符の用例

● 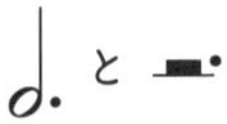

● 

付点音符と付点休符は、
以下のような組み合わせで
用いられる。

● 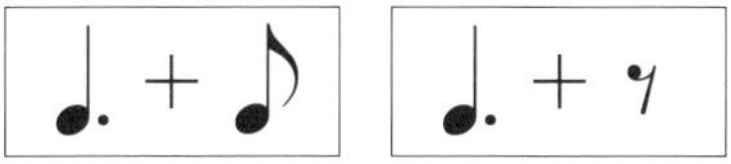 の用例

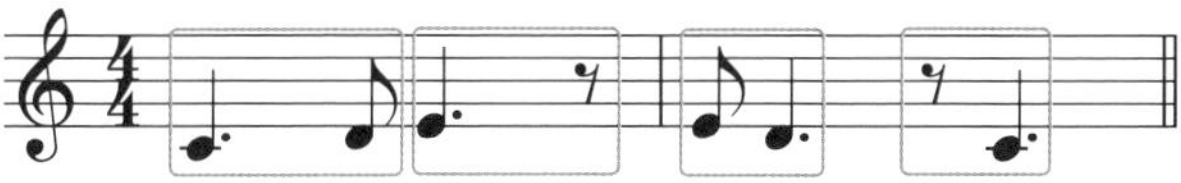

●  の用例

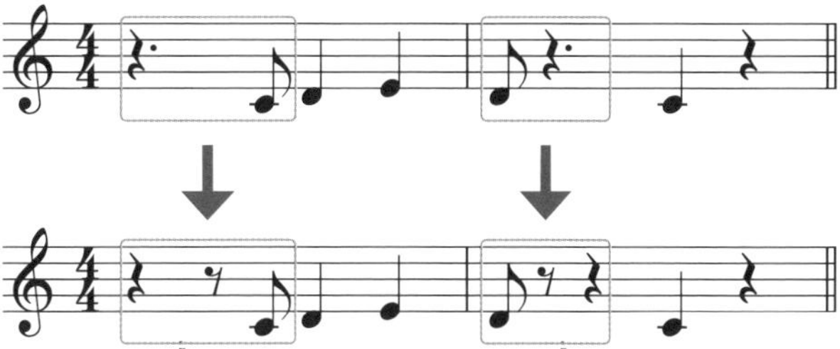

付点休符を使わない
ほうがわかりやすい。

通常は付点休符を
使わずに書く。

● 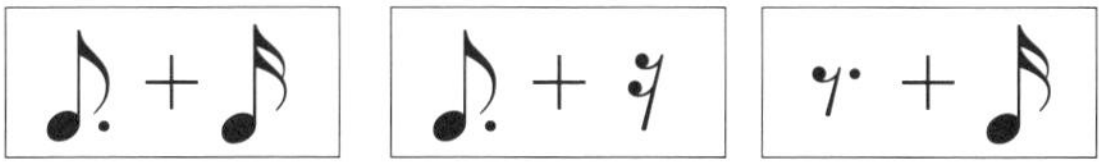 の用例

連桁を使うと拍のまとまりがわかりやすい。

複付点音符

ふくふてんおんぷ
㊮ double dotted note

音符の右側につける2つの点を「複付点」という。1つ目の点がつくと、元の音符の半分の長さが加えられる。2つ目の点がつくと、1つ目の点の半分の長さがさらに加えられる。複付点のついた音符を「複付点音符」という。

𝅝.. 複付点全音符

ふくふてんぜんおんぷ
㊮ double dotted whole note

全音符に、全音符の半分とその半分の長さを加えた長さの音符。

𝅝.. ＝ 𝅝 ＋ 𝅗𝅥 ＋ 𝅘𝅥

𝅗𝅥.. 複付点2分音符

ふくふてんにぶ（ん）おんぷ
㊮ double dotted half note

2分音符に、2分音符の半分とその半分の長さを加えた長さの音符。

𝅗𝅥.. ＝ 𝅗𝅥 ＋ 𝅘𝅥 ＋ 𝅘𝅥𝅮

𝅘𝅥.. 複付点4分音符

ふくふてんしぶ（ん）おんぷ
㊮ double dotted quarter note

4分音符に、4分音符の半分とその半分の長さを加えた長さの音符。

𝅘𝅥.. ＝ 𝅘𝅥 ＋ 𝅘𝅥𝅮 ＋ 𝅘𝅥𝅯

𝅘𝅥𝅮.. 複付点8分音符

ふくふてんはちぶ（ん）おんぷ
㊮ double dotted eighth note

8分音符に、8分音符の半分とその半分の長さを加えた長さの音符。

𝅘𝅥𝅮.. ＝ 𝅘𝅥𝅮 ＋ 𝅘𝅥𝅯 ＋ 𝅘𝅥𝅰

𝅘𝅥𝅯.. 複付点16分音符

ふくふてんじゅうろくぶ（ん）おんぷ
㊮ double dotted sixteenth note

16分音符に、16分音符の半分とその半分の長さを加えた長さの音符。

𝅘𝅥𝅯.. ＝ 𝅘𝅥𝅯 ＋ 𝅘𝅥𝅰 ＋ 𝅘𝅥𝅱

複付点休符

ふくふてんきゅうふ
㊧ double dotted rest

休符の右側につける2つの点を「複付点」という。1つ目の点がつくと、元の休符の半分の長さが加えられる。2つ目の点がつくと、1つ目の点の半分の長さがさらに加えられる。複付点のついた休符を「複付点休符」という。

𝄻‥ 複付点全休符

ふくふてんぜんきゅうふ
㊧ double dotted whole rest

全休符に、全休符の半分とその半分の長さを加えた長さの休符。

𝄻‥ ＝ 𝄻 ＋ 𝄼 ＋ 𝄽

𝄼‥ 複付点2分休符

ふくふてんにぶ（ん）きゅうふ
㊧ double dotted half rest

2分休符に、2分休符の半分とその半分の長さを加えた長さの休符。

𝄼‥ ＝ 𝄼 ＋ 𝄽 ＋ 𝄾

𝄽‥ 複付点4分休符

ふくふてんしぶ（ん）きゅうふ
㊧ double dotted quarter rest

4分休符に、4分休符の半分とその半分の長さを加えた長さの休符。

𝄽‥ ＝ 𝄽 ＋ 𝄾 ＋ 𝄿

𝄾‥ 複付点8分休符

ふくふてんはちぶ（ん）きゅうふ
㊧ double dotted eighth rest

8分休符に、8分休符の半分とその半分の長さを加えた長さの休符。

𝄾‥ ＝ 𝄾 ＋ 𝄿 ＋ 𝅀

𝄿‥ 複付点16分休符

ふくふてんじゅうろくぶ（ん）きゅうふ
㊧ double dotted sixteenth rest

16分休符に、16分休符の半分とその半分の長さを加えた長さの休符。

𝄿‥ ＝ 𝄿 ＋ 𝅀 ＋ 𝅁

解説 複付点音符と複付点休符の用例

- 

タイ（→p.113）でつなぐと
拍がわかりやすい。

- 

- 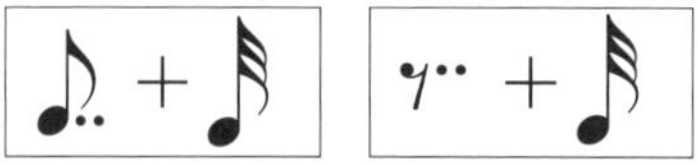

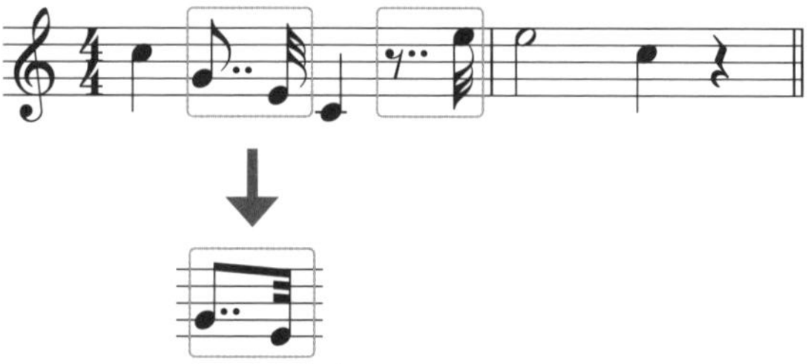

連桁を使うと拍がわかりやすい。

作曲家のココロ

楽譜に書けない付点のニュアンス

「記号や言葉に頼りすぎず、演奏家がそう弾きたくなるような『音楽』を書きなさい。」

先生のこの言葉は私の作曲の礎になっています。これは、付点の表現においても言えることだと考えています。例えば ♪.♪ のリズム。曲調やテンポによって、3連符に近い、慎重な感じもあれば、複付点のように鋭い感じもあります。ほかにも、音の変わり目にほんの少しの空白を入れたり、次の音に重なるように前の音を残したり……。このようなニュアンスの選択はたいてい奏者に委ねることになるのですが、そのためには、奏者が自然とそう弾きたくなる『音楽』を、私たちは書かなくてはなりません。また奏者は、作曲家の求める付点のニュアンスを、音楽から読み解かなくてはなりません。

表現次第では別の曲に聞こえるほど、付点のニュアンスは奥深いものだと思います。

演奏する際 ♪.♪ を見つけたら、先入観や思い込みを一旦手放し、いろいろな加減で弾き比べてみてください。きっと新しい発見があるはずです。

連符 れんぷ 英 group notes

通常とは異なる数に等分される音符を「連符」という。
連符の符尾側の中央に分割した数を書く。カギ括弧でくくることもある。

3連符 さんれんぷ 英 triplet

1つの音符の長さを3等分した連符。

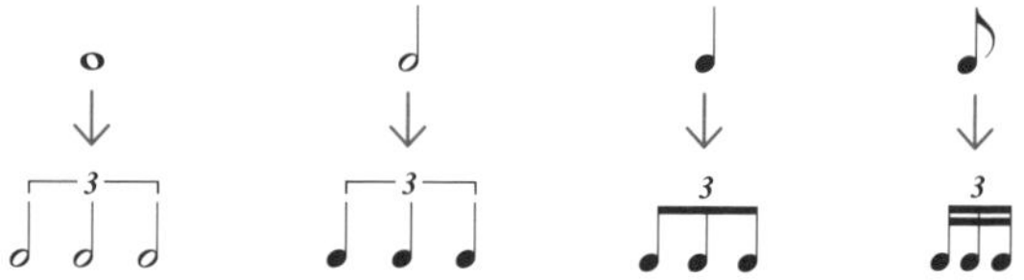

5連符 ごれんぷ 英 quintuplet

1つの音符の長さを5等分した連符。

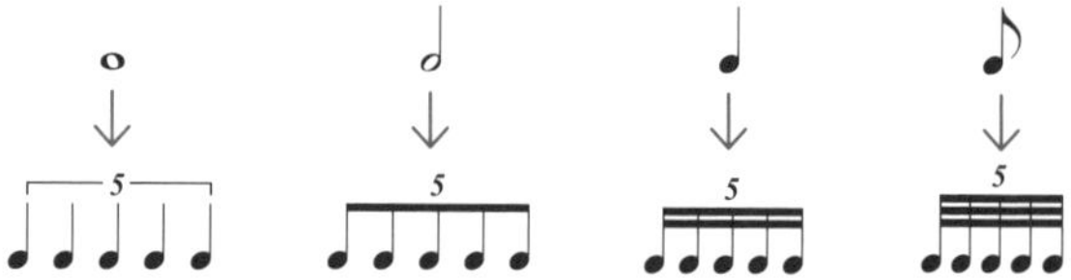

7連符 ななれんぷ 英 septuplet

1つの音符の長さを7等分した連符。

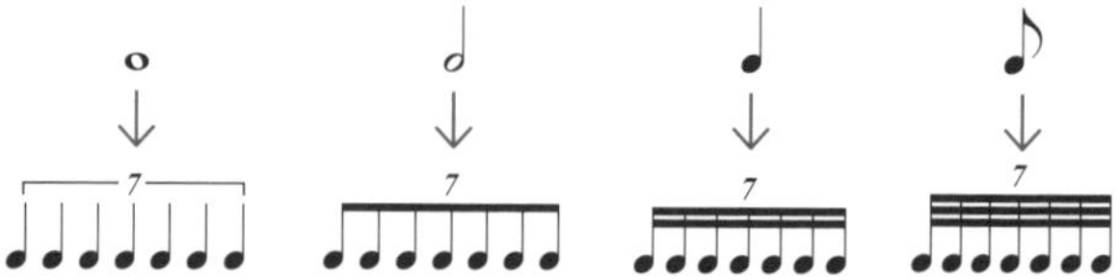

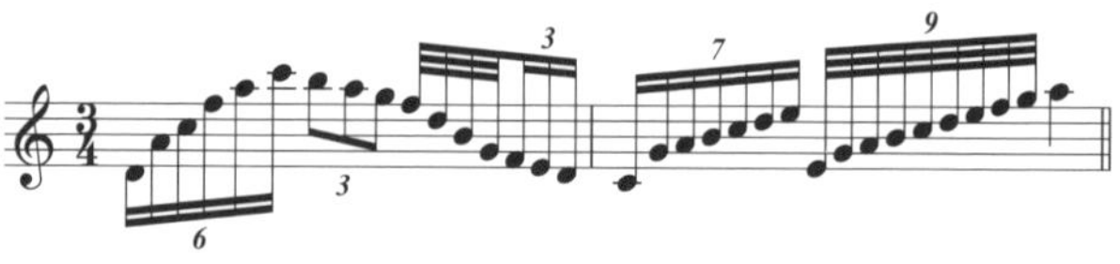

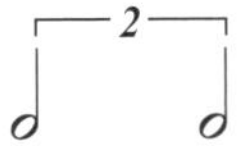

2連符　にれんぷ　㊮ duplet

付点音符など、通常は3等分される音符を2等分した連符。

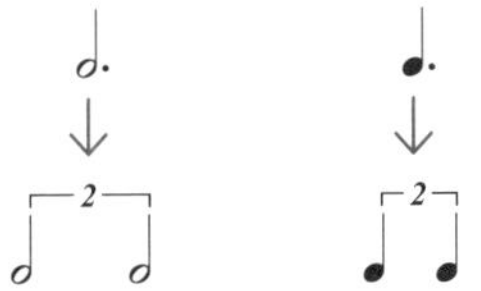

連符を使わない書き方

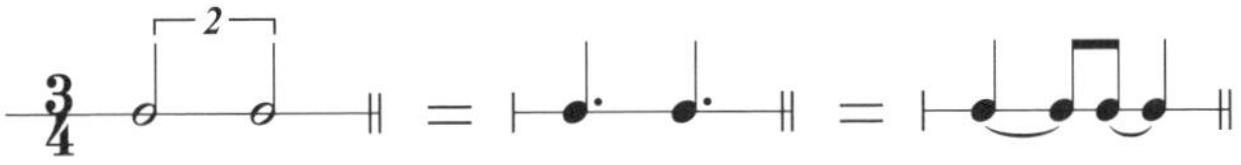

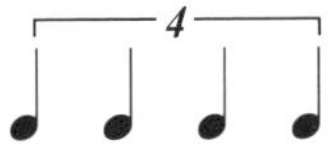

4連符　よんれんぷ　㊮ quadruplet

付点音符など、通常は3等分される音符を4等分した連符。

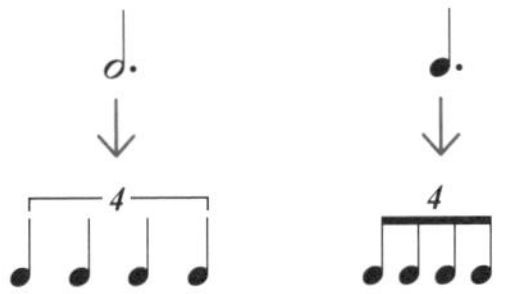

連符を使わない書き方

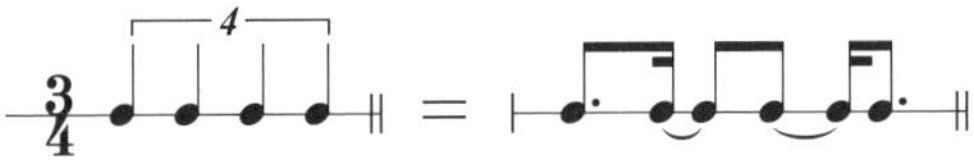

6連符　ろくれんぷ　㊮ sextuplet

3連符を2つつなげた連符、または3連符の各音符をそれぞれ2等分した連符。

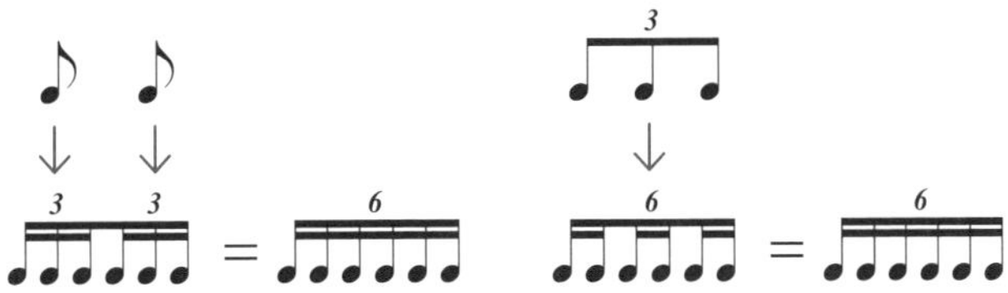

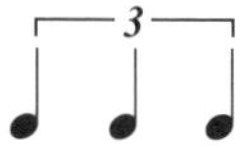

2拍3連　にはくさんれん　英 quarter-note triplet

通常は2拍打つところを3拍打つリズム。

解説　2拍3連の例

豆知識

はこんなに変化する

4分音符と8分音符、
4分休符と8分音符の
組み合わせ

8分休符が入る

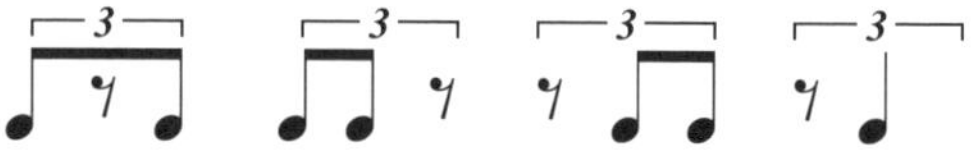

音符がさらに
細かくなる

作曲家のココロ

連符は「つめこんで」

連符は、本来入る音価（音符の音の長さ）の中に、音符を「つめこむ」ように表記します。

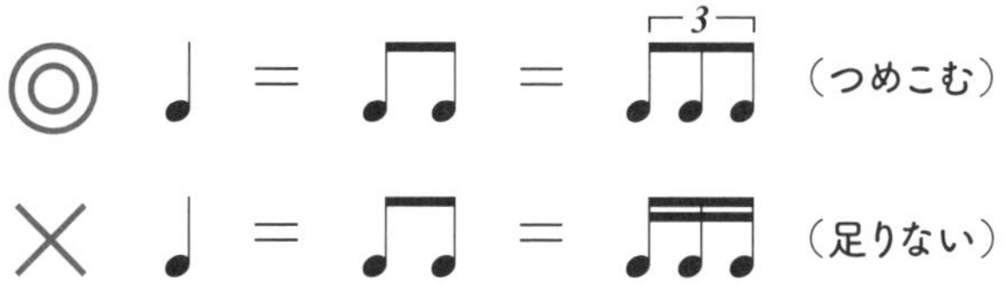

4分音符は8分音符2つに分割できますが、上記のように1つ足して3連符にしたり、あるいは16分音符4つにも分割できるところに1つ足して5連符にしたりもします。

私の場合は、クライマックスやたっぷり歌いたいフレーズで、拍からこぼれそうになるほど音のエネルギーが欲しいとき、連符を無意識に書いていることがあります。

演奏するときには、急いで弾いて後半空白ができるより、必要な分よりも「多くつめこまれた」ことを意識すると、連符が生きてきます。おいしいお寿司が、箱の中でかたよってしまうのではなく、あふれんばかりにつめこまれているイメージでしょうか。

拍子記号 ひょうしきごう 英 time signature

拍子の種類を示す記号。分数の形で示され、分母は拍の基準となる音符の種類を示し、分子は1小節内の拍数を示す。

解説 拍子記号の示し方

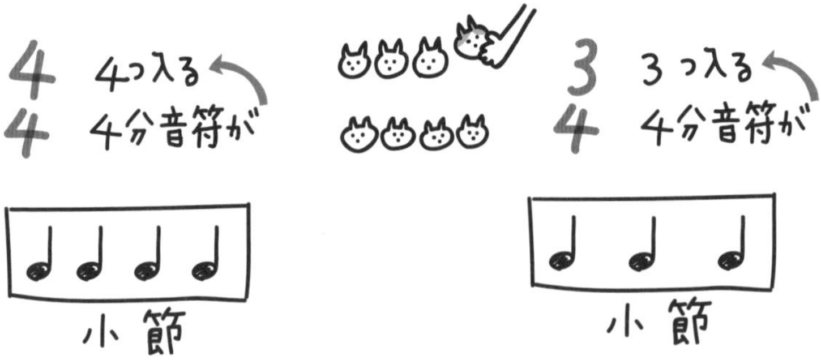

分子が2か6の拍子記号は、
2拍子系の拍子。

2分の2拍子　にぶんのにびょうし　㊖ two-two time

1小節内に2分音符が2拍入る。¢とも書く（→p.49）。

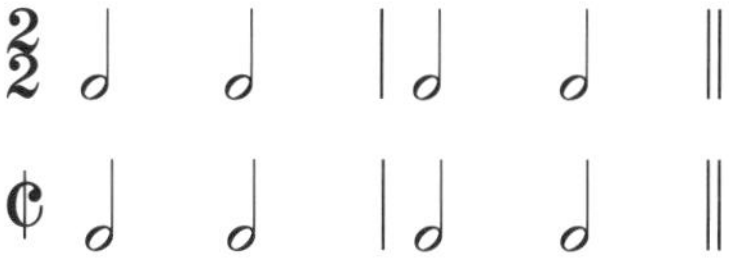

4分の2拍子　よんぶん（しぶん）のにびょうし　㊖ two-four time

1小節内に4分音符が2拍入る。

8分の6拍子　はちぶんのろくびょうし　㊖ six-eight time

1小節内に8分音符が6拍（付点4分音符が2拍）入る。

豆知識

拍と拍子

音楽の時間の流れのなかに存在する、一定のきざみを「拍《はく》」という。拍が一定の数ごとにまとまると「拍子」になる。

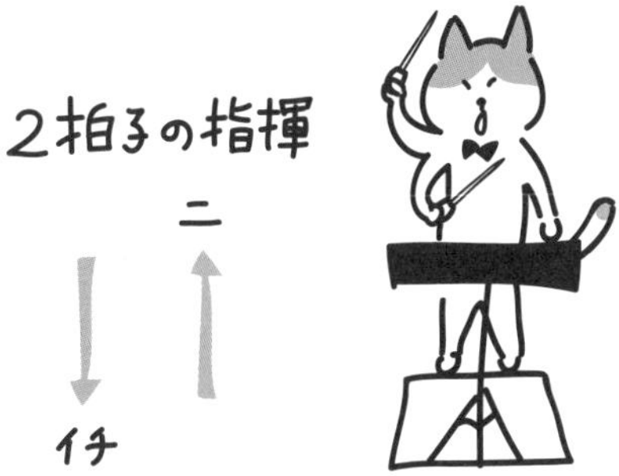

分子が3と9の拍子記号は、
3拍子系の拍子。

3/2

2分の3拍子 にぶんのさんびょうし 英 three-two time

1小節内に2分音符が3拍入る。

3/4

4分の3拍子 よんぶん（しぶん）のさんびょうし 英 three-four time

1小節内に4分音符が3拍入る。

3/8

8分の3拍子 はちぶんのさんびょうし 英 three-eight time

1小節内に8分音符が3拍入る。

9/8

8分の9拍子 はちぶんのきゅうびょうし 英 nine-eight time

1小節内に8分音符が9拍（付点4分音符が3拍）入る。

分子が4と12の拍子記号は、
4拍子系の拍子。

4/4 / 𝄴

4分の4拍子

よんぶん（しぶん）のよん（し）びょうし
㊖ four-four time, common time

1小節内に4分音符が4拍入る。𝄴とも書く。

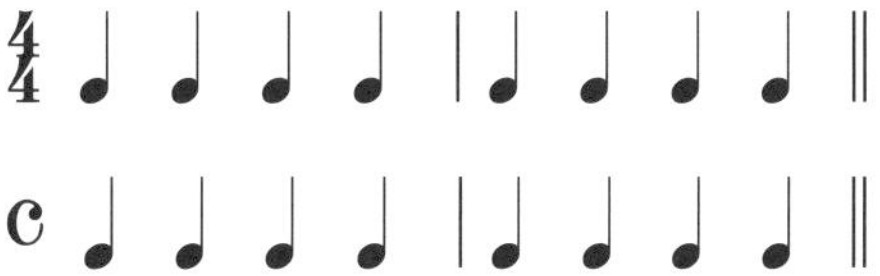

12/8

8分の12拍子

はちぶんのじゅうにびょうし
㊖ eight-twelve time

1小節内に8分音符が12拍（付点4分音符が4拍）入る。

豆知識

𝄴と𝄵の由来

4分の4拍子を表す 𝄴 と2分の2拍子を表す 𝄵 は、14世紀のフランスで考案された記譜法に由来する。当時は、音符を分割して拍子を表す際に、3分割は ◯（完全分割）、2分割は （（不完全分割）が用いられていた。やがて、（ の代わりにアルファベットの 𝄴 で4分の4拍子を表すようになり、さらに縦棒を加えた 𝄵 で2分の2拍子を表す近代的な記譜法が定着した。

作曲家のココロ

拍子はいつ決まるの？

作曲家は、先に拍子を決めてから曲を書くのでしょうか？ それとも、メロディが先に思い浮かんで、あとから拍子がついてくるのでしょうか？

拍子は、音楽の「性格」を決定づける要素でもあります。マーチは2拍子、ワルツは3拍子などという具合に。この場合は当然、音楽を着想し始める時に拍子はすでに決まっていることになります。先に法則を作って、幾何学的に拍子の配置を構築して作曲することもあるでしょう。

一方、書きながら決まっていくこともあります。私の場合、浮かんだメロディを一つの曲に育てていくにあたって、そのメロディが自然に呼吸できるような場を作ってあげるような感覚があります。変拍子や急な拍子の変更は、ただ思いつきでそうしているわけではなく、そのメロディがそのとき、そう歌いたがっている！ と確信するからなのです。

解説 拍子の種類

● **単純拍子**

分母の音符が1拍となる拍子。2拍子、3拍子、4拍子がある。

4分の2拍子

2分の2拍子

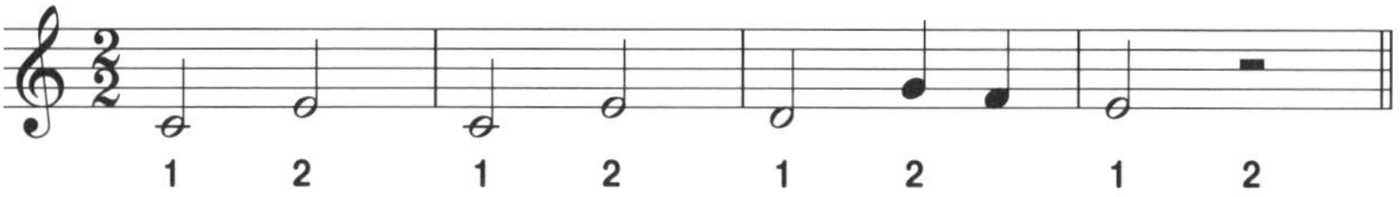

4分の3拍子

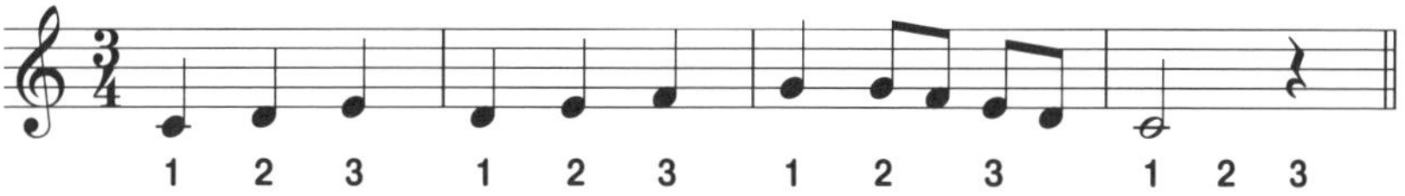

4分の4拍子

ちひろのつぶやき

小さな3拍子が複数連なったものとも言えますね。

● **複合拍子**

単純拍子の1拍を3分割する拍子。6拍子、9拍子、12拍子がある。

8分の6拍子（2拍子系）

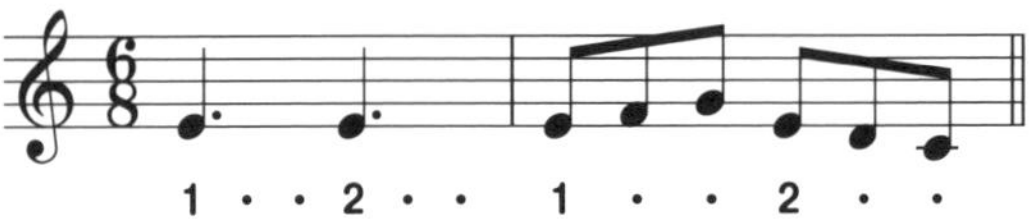

8分の9拍子（3拍子系）

8分の12拍子（4拍子系）

混合拍子

異なる単純拍子が複数組み合わされた拍子。

5拍子の例

2拍子+3拍子

1 2 1 2 3

3拍子+2拍子

1 2 3 1 2

7拍子の例

2拍子+2拍子+3拍子

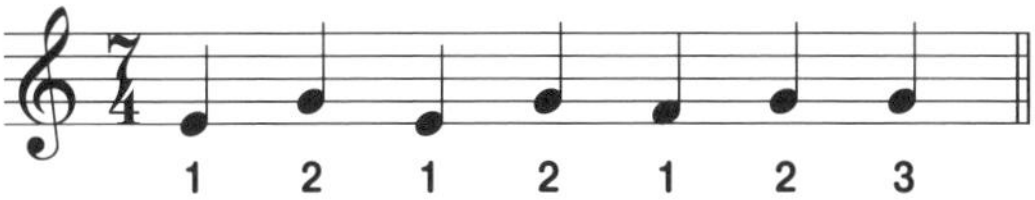

1 2 1 2 1 2 3

8拍子の例

3拍子+3拍子+2拍子

1 2 3 1 2 3 1 2

9拍子の例

2拍子+2拍子+2拍子+3拍子

1 2 1 2 1 2 1 2 3

拍子記号の書き方に注目！

作曲家のココロ

拍の捉え方で弾きやすさが変わる

演奏するとき、拍子の感じ方を変えるだけで弾きやすくなることがあります。

例えば「エリーゼのために」。3拍子の曲ですが、1小節1拍子と捉えたほうが弾きやすく、音楽がまとまります。テンポも自然とはやまるでしょう。

ベートーヴェン：「エリーゼのために」より

指揮者がオーケストラリハーサル中、「ここは2つ振りにします」「ここは細かく刻むことにしましょう」と、振り方を変更することがあります。大勢で音を合わせる際、拍の捉え方を変えたり、意識を統一させるだけで、ぴったりと息が合ったり、弾きやすくなったりするのです。不思議ですね！

変化記号 へんかきごう (英) accidental

音の高さの変化を示す記号。曲の冒頭や、楽譜各段の左端に音部記号とともに書く場合（調号→p.63）と、各音符の左側に書く場合（臨時記号→p.58）がある。

♯

シャープ (英) sharp

その音を半音高くすることを示す。「嬰《えい》記《き》号《ごう》」ともいう。

♭

フラット (英) flat

その音を半音低くすることを示す。「変《へん》記《き》号《ごう》」ともいう。

♮

ナチュラル (英) natural

変化記号によって音の高さが変化した音を、元の高さに戻すことを示す。「本《ほん》位《い》記《き》号《ごう》」ともいう。

𝄪

ダブル・シャープ (英) double sharp

その音を半音2つ分高くすることを示す。「重《じゅう》嬰《えい》記《き》号《ごう》」ともいう。

𝄫

ダブル・フラット (英) double flat

その音を半音2つ分低くすることを示す。「重《じゅう》変《へん》記《き》号《ごう》」ともいう。

解説　「ソ」の ♯、♭、𝄪、𝄫

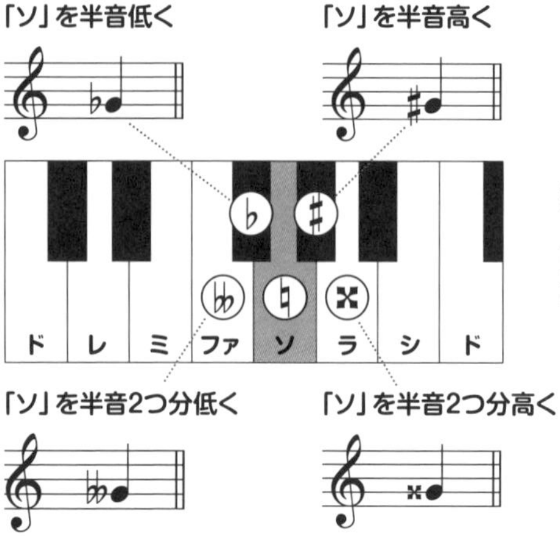

変化した音を元の「ソ」に戻す

書き方

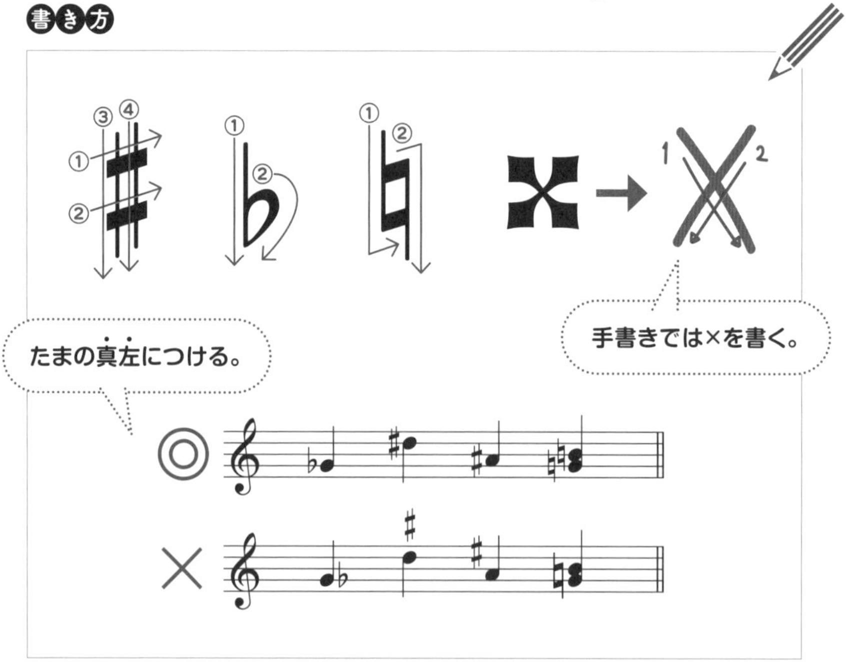

作曲家のココロ

たかが半音、されど半音

シャープやフラット、ナチュラルなどの変化記号……たかが半音ですが、変化記号をつけるかつけないかで何日も迷うことがあります。例えば、刺《し》繍《しゅう》音（ある音から、となりの音に移り、また元の音に戻る音。刺繍をするような音の動きからこう呼ばれます）を書くとき。

この半音の差で、軽さの感じが変わります。あるときは宙に舞うような軽やかさを出したいと半音の刺繍音に決めたかと思えば、いや、地に足をつけた躍動感がいいかもしれないと全音のままにしたり……。

悩む理由のもう一つは、その半音の有無によって、楽譜のぱっと見た印象も変わってしまうからです。軽さを求めたくても、ビギナーにとっては読譜が負担になってしまうことも考慮しなくてはなりません。

音は軽やかだけど見た目が……。

和音も調性も、半音違えば音楽の印象も意味も全く変わります。半音は狭いようで、恐ろしいほどに大きな影響力があるものです。

ファが半音上がっただけでパッと明るくなる。

ソが主音のト長調とソ♭が主音の変ト長調。半音の違いで世界観も変わる。

解説 変化記号の効力

● 調号の場合

調号（→p.63）に示される変化記号は、全ての高さの音に有効。

● 臨時記号の場合

曲の途中の音につけ、その音の高さを一時的に変化させる変化記号を「臨時記号」という。臨時記号の効力は以下のとおり。

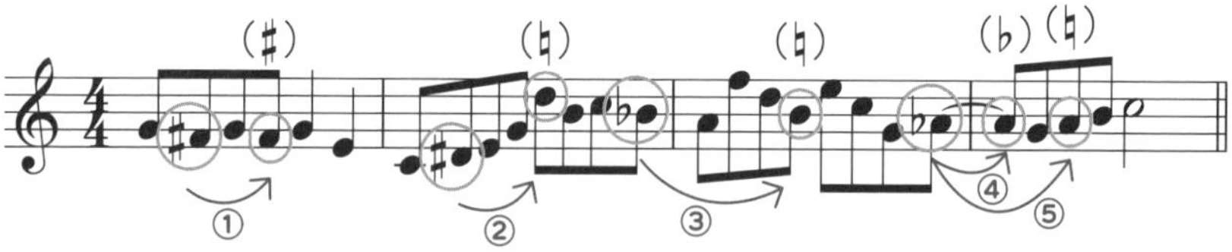

① 同じ小節内の同じ高さの音に対して有効。
② 同じ小節内でも違う音域には無効。
③ 前の小節の臨時記号は次の小節には無効。
④ タイ（→p.113）でつながれた音は次の小節でも有効。
⑤ ④でタイの連結が終わったら無効。

● 大譜表の場合

⑥ 同じ譜表内では、音部記号が変わっても同じ音なら有効。
⑦ 同じ音でも、違う五線では無効。

● 念のため補って書く場合

変ロ長調

ホ短調

本来は不要でも、
ついていたほうがわかりやすいし、親切だね!
楽譜を読む人が迷わないように、
①と④以外は表記することが多いよ。

豆知識

異名同音とは?

「ド♯」(「ド」の半音上)と「レ♭」(「レ」の半音下)は、ピアノの鍵盤上では同じ音。これを異名同音という。

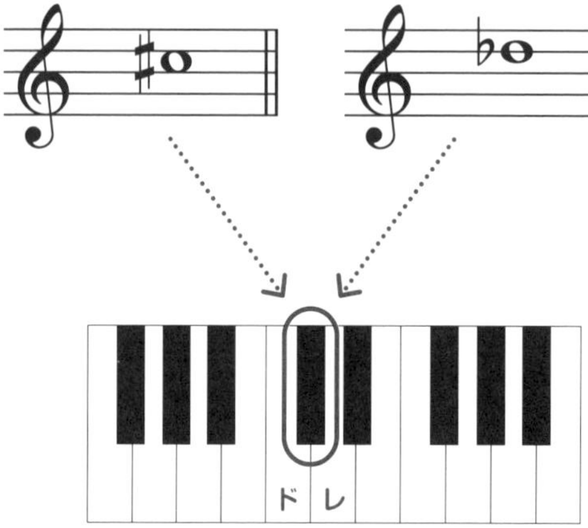

作曲家の
ココロ

♭の世界と♯の世界

♭は寒色的、♯は暖色的、という例えが適しているかどうかはさておき、♭の世界と♯の世界は印象が違うことは確かです。

私は、ピアノ曲集「星降る町の小さな風景」の「雨上がりの朝」という曲で、♭の世界から瞬時に♯の世界に移動する色合いの変化を出したくて、この場面を書きました。

同じ音なのですが、タイの余韻の中で色彩感が変わることを味わってもらえたらなと思っています。

轟千尋：「星降る町の小さな風景」「雨上がりの朝」より

作曲家のココロ

「異名同音」でも同じ高さではない!?

ピアノのような平均律*ではファ♯とソ♭は同じ場所を弾くことになりますが、弦楽器や歌のように自分で音程を作る楽器（場合によっては管楽器も）では、音程をわずかに変えることもあるんですよ。

友人のヴァイオリニストに聞くと、音階練習のときは両者の音程に差はない一方、曲の中では作曲家の意図や曲想によって、ファ♯とソ♭の違いを音色や微妙な音程で変えているのだそう。「大きい方がわかりやすいから」と、チェリストであるご主人の手元の写真を送ってくれました。指板に貼られた白いテープが平均律のファ♯（ソ♭）の位置を示しています。左が高めのファ♯（ソ♭）、右が低めのファ♯（ソ♭）です。

ヴァイオリンではもっと小さくなるので、ミリ単位で加減していることになります。「音程づくりは感覚の領域だけど、ハーモニーを奏でたとき、音のうねりが少なくなって『ハモってる！』と感じるポイントを耳でさぐる感じかな」とのこと。プロの演奏家は、異次元の感覚と聴覚を研ぎ澄ませて、音を奏でているんですね～！

*平均律:音楽に用いられる音の高さの関係を一定の原理にしたがって規定したものを音律というが、1オクターヴを平均的な音程に等分割した音律を平均律と呼ぶ。現在広く用いられているのが12平均律で、平均律で調整された楽器（ピアノなど）は、1オクターヴを12の半音に等分して調律されている。

調号 英 key signature

楽譜の各段の左端に、音部記号（→p.14）とともに♯や♭を記したものを「調号」という。調号によって、その曲の調（長調と短調の2種類）が示され、音階のどの音に♯や♭がつくかがわかる。

♯♭なし。

ハ長調

英 C major
独 C-dur（ツェー・ドゥア）

ハ音（ド）を主音とする長調。ハ音（ド）から始まる長音階に基づく。

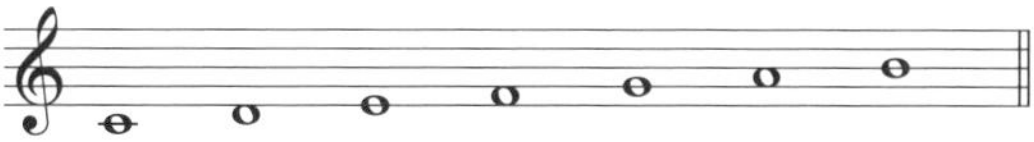

イ短調

英 A minor
独 a-moll（アー・モール）

イ音（ラ）を主音とする短調。イ音（ラ）から始まる短音階に基づく。

「主音」とは
その調の音階の基準となる音のこと。
ハ長調／ハ短調の主音は
ハ音（ド）だよ。

長音階を用いた調を「長調」、
短音階を用いた調を「短調」という。

ト長調

㊧ G major
㊩ G-dur（ゲー・ドゥア）

ト音（ソ）を主音とする長調。ト音（ソ）から始まる長音階に基づく。

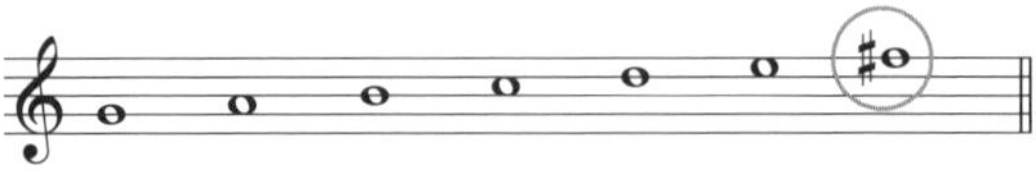

ホ短調

㊧ E minor
㊩ e-moll（エー・モール）

ホ音（ミ）を主音とする短調。ホ音（ミ）から始まる短音階に基づく。

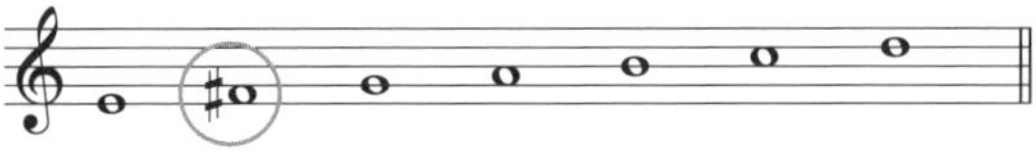

解説 調号の書き方

ペツォルト（伝バッハ）：ト長調のメヌエットより

書き方

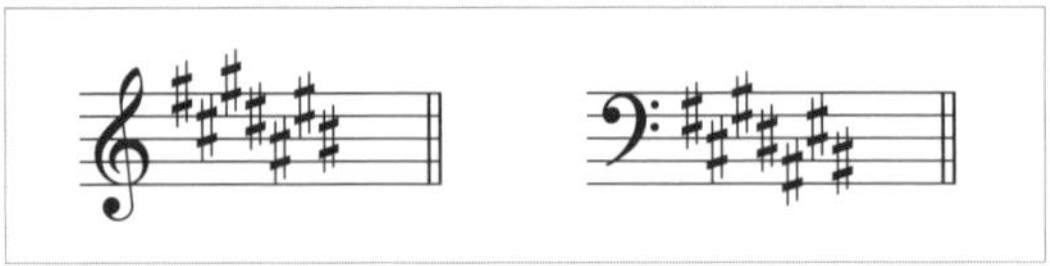

♯の調号は
「ファドソレラミシ」
の順に書く。

ニ長調

(英) D major
(独) D-dur（デー・ドゥア）

ニ音（レ）を主音とする長調。ニ音（レ）から始まる長音階に基づく。

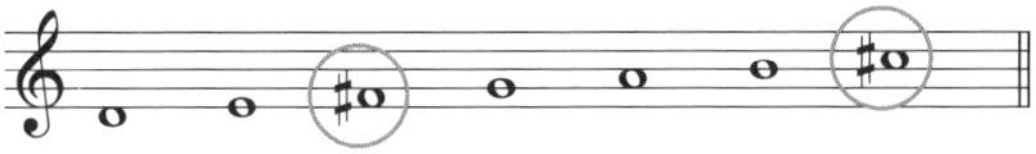

ロ短調

(英) B minor
(独) h-moll（ハー・モール）

ロ音（シ）を主音とする短調。ロ音（シ）から始まる短音階に基づく。

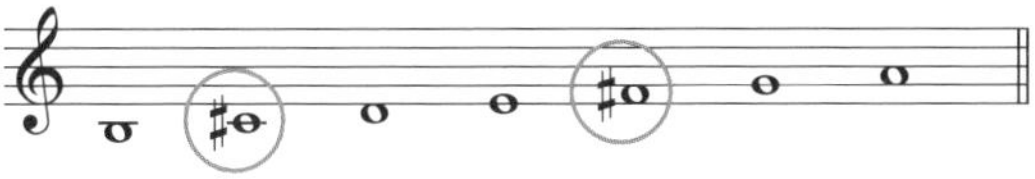

イ長調

(英) A major
(独) A-dur（アー・ドゥア）

イ音（ラ）を主音とする長調。イ音（ラ）から始まる長音階に基づく。

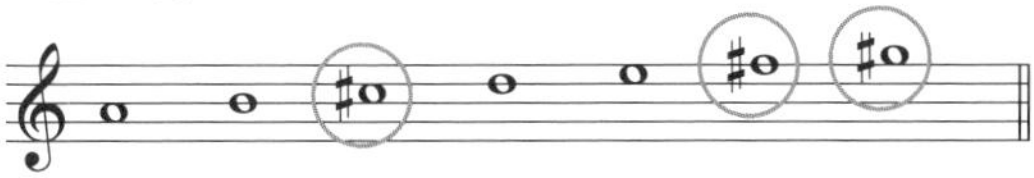

嬰《えい》ヘ短調

(英) F♯ minor
(独) fis-moll（フィス・モール）

嬰ヘ音（ファ♯）を主音とする短調。嬰ヘ音（ファ♯）から始まる短音階に基づく。

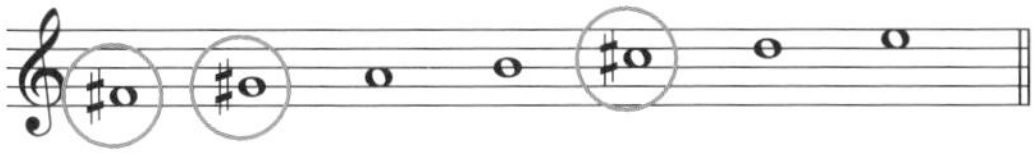

♯4つ（ファ、ド、ソ、レにつく）。

ホ長調

(英) E major
(独) E-dur（エー・ドゥア）

ホ音（ミ）を主音とする長調。ホ音（ミ）から始まる長音階に基づく。

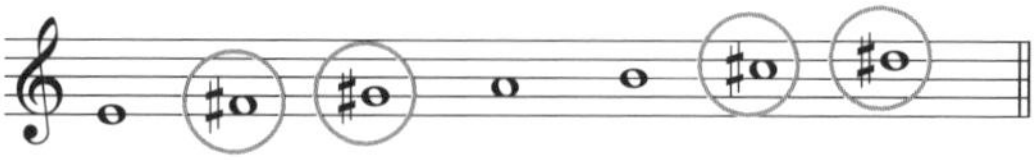

嬰《えい》ハ短調

(英) C♯ minor
(独) cis-moll（ツィス・モール）

嬰ハ音（ド♯）を主音とする短調。嬰ハ音（ド♯）から始まる短音階に基づく。

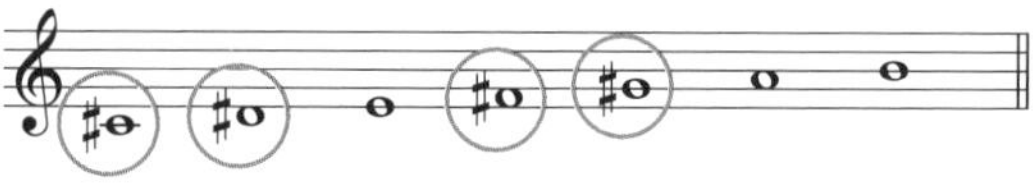

♯5つ（ファ、ド、ソ、レ、ラにつく）。

ロ長調

(英) B major
(独) H-dur（ハー・ドゥア）

ロ音（シ）を主音とする長調。ロ音（シ）から始まる長音階に基づく。

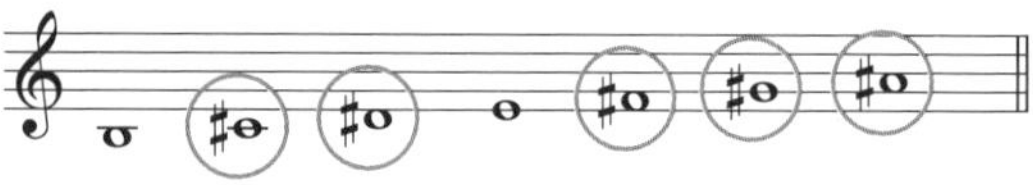

嬰《えい》ト短調

(英) G♯ minor
(独) gis-moll（ギス・モール）

嬰ト音（ソ♯）を主音とする短調。嬰ト音（ソ♯）から始まる短音階に基づく。

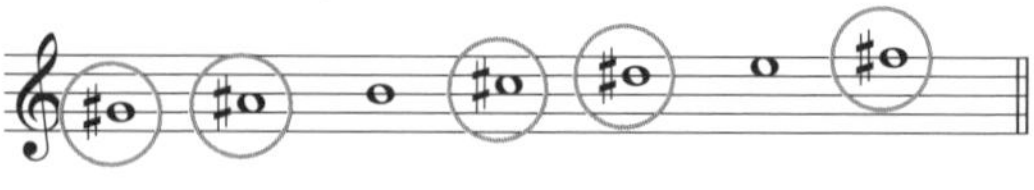

♯6つ（ファ、ド、ソ、レ、ラ、ミにつく）。

嬰《えい》へ長調

㊥ F♯ major
㊦ Fis-dur（フィス・ドゥア）

嬰へ音（ファ♯）を主音とする長調。嬰へ音（ファ♯）から始まる長音階に基づく。

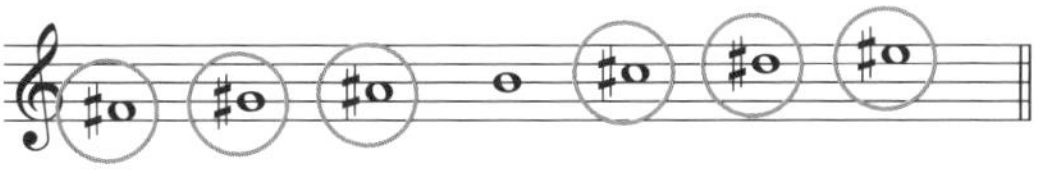

嬰《えい》ニ短調

㊥ D♯ minor
㊦ dis-moll（ディス・モール）

嬰ニ音（レ♯）を主音とする短調。嬰ニ音（レ♯）から始まる短音階に基づく。

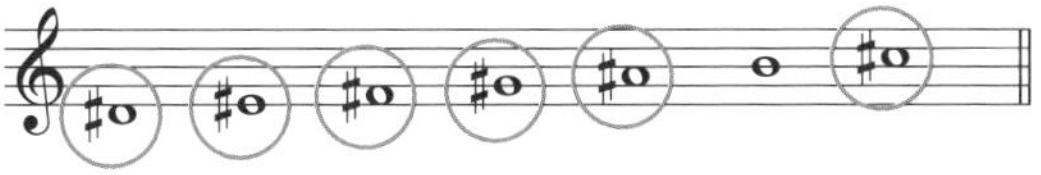

作曲家の
ココロ

調の選択

作曲家はどのように調性を選ぶのでしょうか。楽器や声を活かす調を選んだり、調そのものにある程度の性格があると考える「調性格論」を頼りにしたり、曲の構成を調性で組み立てる上で、理論的に選択することもあるでしょう。

私の場合は、たいていモチーフが浮かんだときには調性はすでに決まっています。例えば、それを移調したとたん、なぜか続きが全く書けなくなります。逆に、モチーフが浮かんだのにその先が書けなくなったとき、試しに調性を変えてみたとたん、するすると書けることもあります。私にとっては、音楽はそれにふさわしい調性をまとって生まれてくる気がしてなりません。

♭1つ（シにつく）。

ヘ長調

㊟ F major
㊕ F-dur（エフ・ドゥア）

ヘ音（ファ）を主音とする長調。ヘ音（ファ）から始まる長音階に基づく。

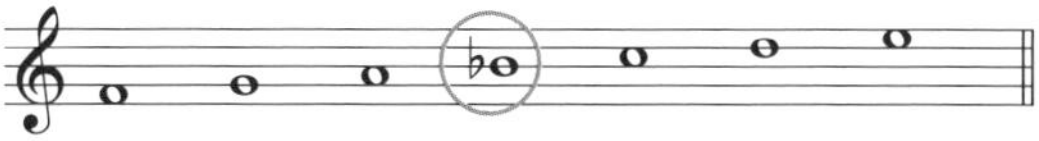

ニ短調

㊟ D minor
㊕ d-moll（デー・モール）

ニ音（レ）を主音とする短調。ニ音（レ）から始まる短音階に基づく。

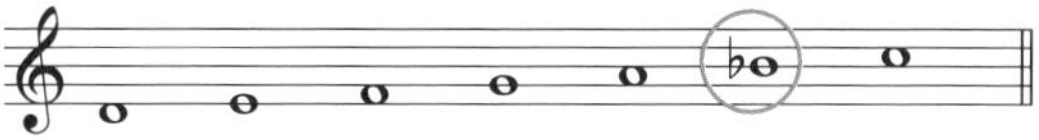

♭2つ
（シ、ミにつく）。

変ロ長調

㊟ B♭ major
㊕ B-dur（ベー・ドゥア）

変ロ音（シ♭）を主音とする長調。変ロ音（シ♭）から始まる長音階に基づく。

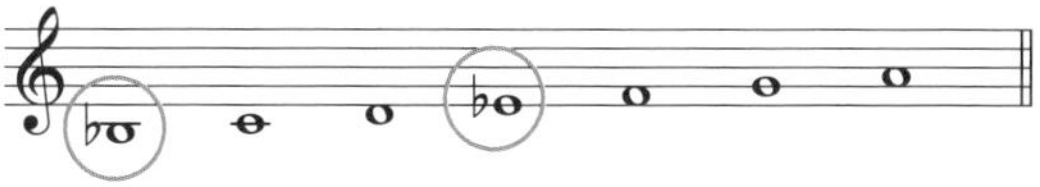

ト短調

㊟ G minor
㊕ g-moll（ゲー・モール）

ト音（ソ）を主音とする短調。ト音（ソ）から始まる短音階に基づく。

書き方

♭の調号は
「シミラレソドファ」
の順に書く。

変ホ長調

㊮ E♭ major
㊣ Es-dur（エス・ドゥア）

変ホ音（ミ♭）を主音とする長調。変ホ音（ミ♭）から始まる長音階に基づく。

ハ短調

㊮ C minor
㊣ c-moll（ツェー・モール）

ハ音（ド）を主音とする短調。ハ音（ド）から始まる短音階に基づく。

変イ長調

㊮ A♭ major
㊣ As-dur（アス・ドゥア）

変イ音（ラ♭）を主音とする長調。変イ音（ラ♭）から始まる長音階に基づく。

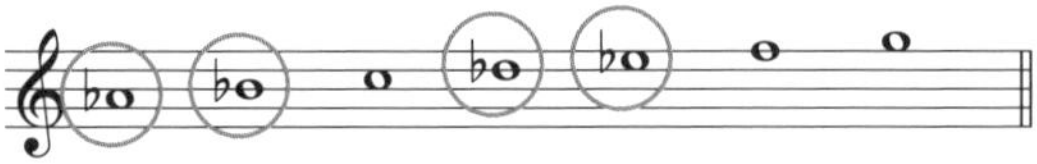

ヘ短調

㊮ F minor
㊣ f-moll（エフ・モール）

ヘ音（ファ）を主音とする短調。ヘ音（ファ）から始まる短音階に基づく。

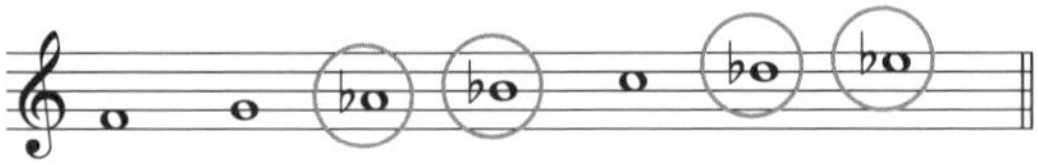

変ニ長調

英 D♭ major
独 Des-dur（デス・ドゥア）

変ニ音（レ♭）を主音とする長調。変ニ音（レ♭）から始まる長音階に基づく。

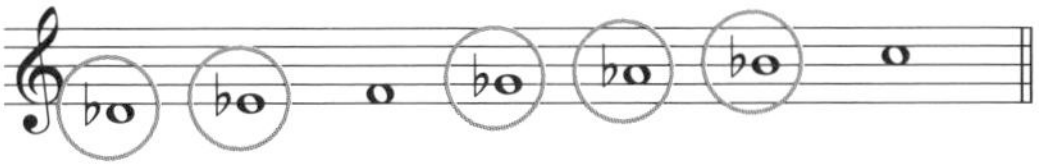

変ロ短調

英 B♭ minor
独 b-moll（ベー・モール）

変ロ音（シ♭）を主音とする短調。変ロ音（シ♭）から始まる短音階に基づく。

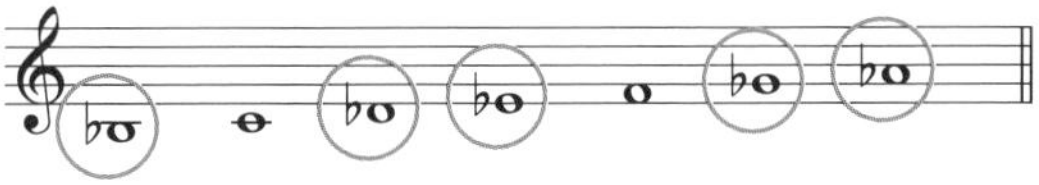

変ト長調

英 G♭ major
独 Ges-dur（ゲス・ドゥア）

変ト音（ト♭）を主音とする長調。変ト音（ト♭）から始まる長音階に基づく。

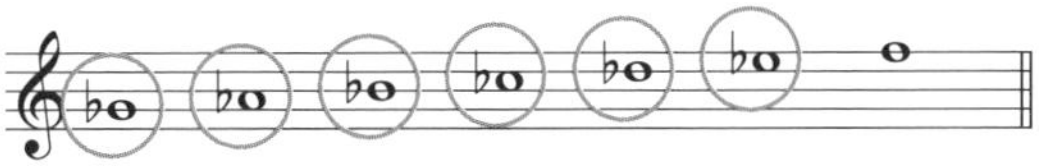

変ホ短調

英 E♭ minor
独 es-moll（エス・モール）

変ホ音（ミ♭）を主音とする短調。変ホ音（ミ♭）から始まる短音階に基づく。

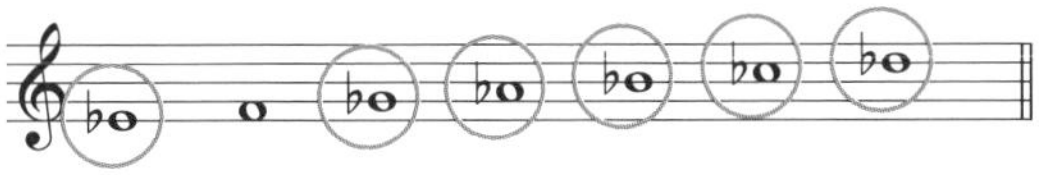

解説 曲の途中で調が変わるときの調号の書き方

曲の途中で調が変わることを「転調《てんちょう》」という。「ファ」と「ド」に ♯ がつくニ長調から、「シ」に♭がつくヘ長調に転調する場合、調号と変化記号は下のように書く。

豆知識

移調って何？

曲をそのまま他の調に移しかえることを「移《い》調《ちょう》」という（移調楽器→p.179）。

ハ長調の「かえるの合唱」　　ト長調の「かえるの合唱」

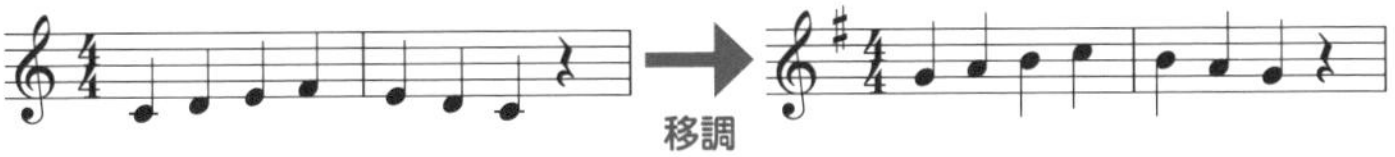

移調

ちひろのつぶやき

カラオケで、自分が歌いやすいように曲全体の音を高くしたり低くしたりするボタンがありますね。

解説 調号と調の名前

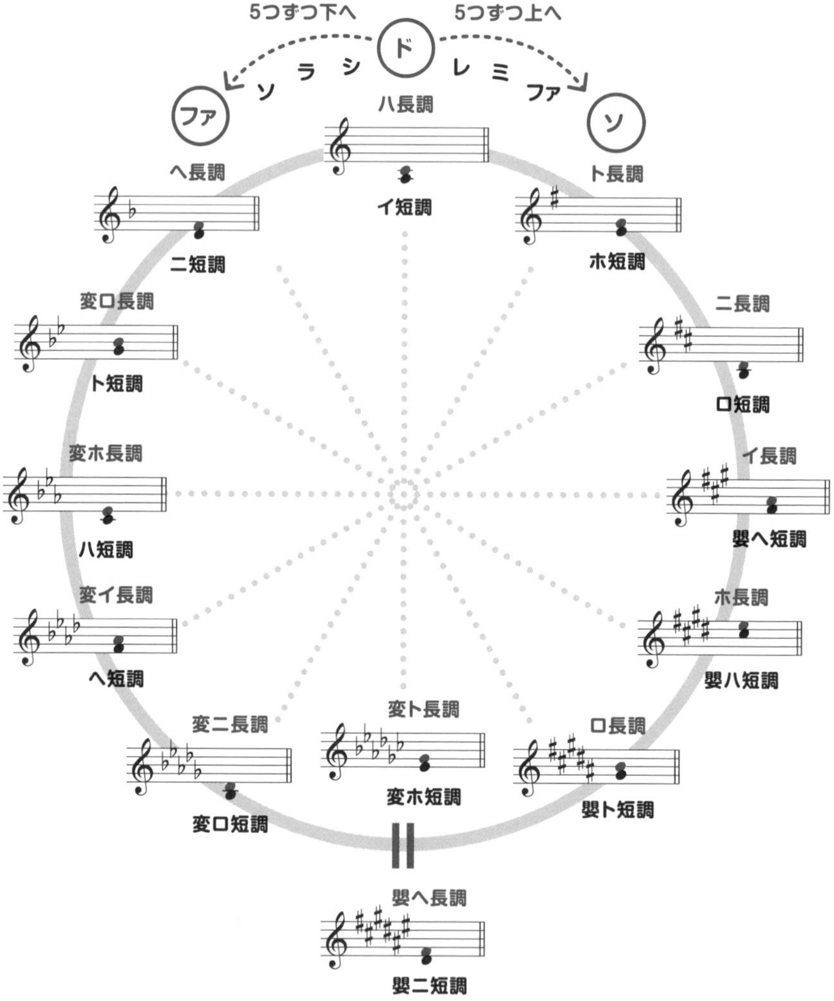

変ト長調（→p.71）と嬰ヘ長調（→p.67）、変ホ短調（→p.71）と嬰ニ短調（→p.67）は異名同音！（→p.60）

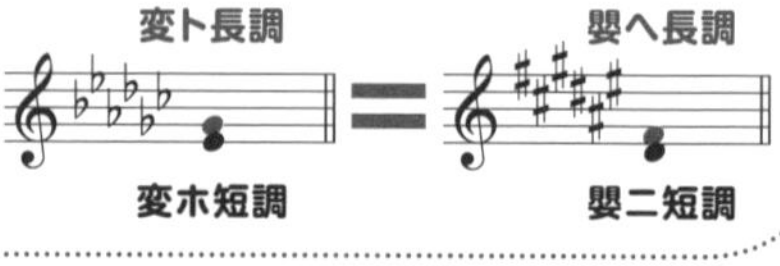

作曲家のココロ

調性について

かつてから、調性にはそれぞれ性格があると言われてきました。

一方、昔の楽器と現代の楽器とでピッチは異なるし、声楽では、歌手の声域にあった調性を適宜選択します。理論家の論じている一定の調性格論や、個々の印象は興味深く受け入れつつ、果たしてそれをそのまま全ての音楽に当てはめていいものかと言われると、さまざまな疑問も残ります。

むしろ、ピッチや調性格の議論に関わらず注目すべきことは、大作曲家たちが調性の『相互関係』を利用して音楽を構築しているという事実です。

一つの調にとどまることに物足りなさを感じた音楽家たちは、他の調性に移ること（転調といいます）で表現の幅を広げました。調号の数に差がない近しい調へうつろうこともあれば、予想外に遠い調へ転調することもあります。調性の配置計画は作曲家の知性の見せ所。主調を逸脱し、さまざまな調へと羽ばたき、元の調に戻るまでの過程……その作曲家の着想に気づくことが、調性に注目する目的の一つとも言えそうです。

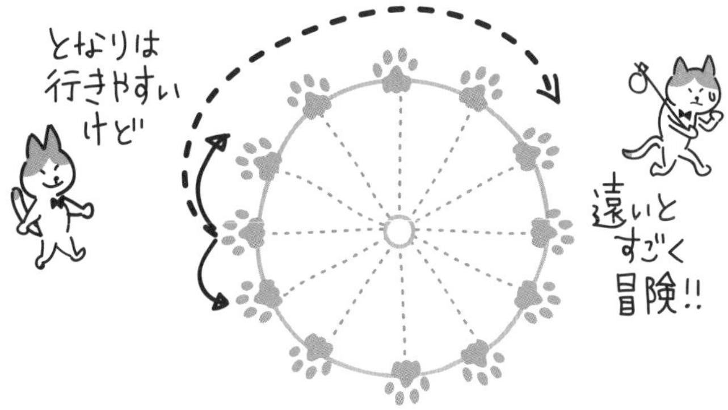

反復記号 英 repeat mark

曲の一部を繰り返すことを指示する記号。これを用いることで、曲の構成がわかりやすくなり、記譜や読譜が楽に行える。

リピート記号 英 repeat 伊 replica（レプリカ）

𝄆と𝄇の間の小節を繰り返して演奏する。曲の冒頭の𝄆は省略される。

演奏順：ABABCDECDE

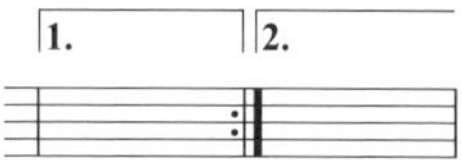

1番括弧、2番括弧

伊 prima volta（プリマ・ヴォルタ）、seconda volta（セコンダ・ヴォルタ）

1回目は1番括弧の小節を演奏し、2回目は1番括弧を飛ばして2番括弧に進む。

演奏順：ABCABDE

3番括弧がある場合、1回目と2回目は1、2番括弧の小節を演奏し、3回目は1、2番括弧を飛ばして3番括弧に進む。

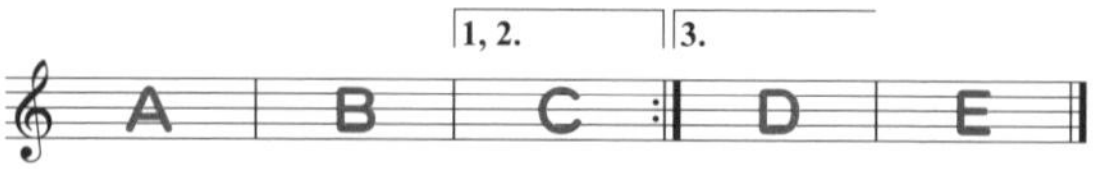

演奏順：ABCABCABDE

bis
ter
quater

ビス、テル、クアテル　㋶ bis、ter、quater

線で囲んだ小節を2回(bis)、3回(ter)、4回(quater)繰り返して演奏する。

演奏順:ABABCDDDE

演奏順:ABCBCBCBCDE

D.C.

ダ・カーポ　㊮ da capo　㊙ D.C.

曲の始めに戻り、***Fine*** または 𝄐 で終わる。daはイタリア語で「～から」、capoは「始め」「頭」などの意。

Fine

フィーネ　㊮ fine

曲の終わりを指示する語。

演奏順:ABCDEAB

al Fine

アル・フィーネ　㊮ al fine

曲の始めに戻り、終わりまで演奏する。***al*** は「～まで」の意で、***D.C.*** などにつなげて書く。

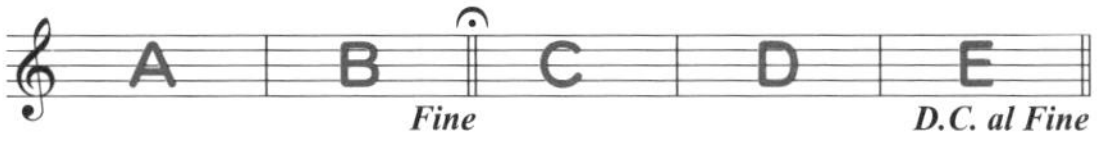

演奏順:ABCDEAB

D.S.

𝄋

ダル・セーニョ　(伊) dal segno　(略) D.S.

D.S. から 𝄋（セーニョ）に戻る。

演奏順:ABCDEBC

セーニョはイタリア語で「サイン」の意味で、
𝄋 は「S」の文字を図案化したもの。

𝄌

to 𝄌

コーダ・マーク　(英) coda mark
トゥ・コーダ　(英) to coda

D.C. や ***D.S.*** などの反復記号によって繰り返しをしたとき、𝄌 からもう一つの 𝄌 までを演奏せずに進む。または、***to*** 𝄌 から 𝄌***Coda*** へ進む。

演奏順:ABCABDE

演奏順:ABCBDE

codaはイタリア語で「しっぽ」の意味。
終結部を指す。

⊕ *Vi* =

= *de* ⊕

ヴィーデ ㋶ vide

⊕ *Vi* = から = *de* ⊕ に飛ぶ（その間の小節を省略して演奏してもよい）という指示。

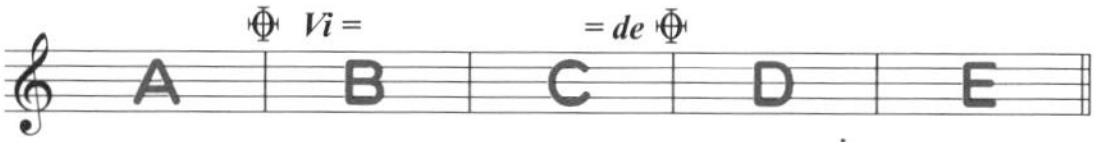

演奏順:ADE

ヴィーデは「見なさい」という意味のラテン語で、「ヴィデオ」の語源でもある。

反復記号とともに用いられる用語たち。

con replica

コン・レプリカ ㊑

「反復を伴って」の意。***D.C.*** や ***D.S.*** によって繰り返しをしたときは、の反復は行わないという慣例があるが、***con replica*** の指示があるときは反復を行う。

演奏順:ABABCDEABABC

senza replica

センツァ・レプリカ ㊑

「反復なしで」の意。***D.C.*** や ***D.S.*** によって繰り返しをしたときは、の反復は行わないという慣例を、改めて指示する語。

演奏順:ABABCDEABC

conとsenzaについては、p.170も参照。

作曲家のココロ

思いやりのある楽譜にするために

反復記号はとても便利です。繰り返すところが一目瞭然、ページ数が節約でき、場合によっては演奏の省略もできてしまいます。音楽史の視点からも、場面を印象づけたり、形式のバランスをとったりするためにも繰り返しはとても重要な要素の一つでした。

ところが、読みやすく便利な記号のはずなのに、かえって困らせてしまう場合があります。例えば、オーケストラなどの指揮者が使うスコア。オーケストラスコアは、全てのパートが上から下まで書かれていますから、1ページに入るのはせいぜい3〜6小節程度。パート譜であれば2〜3ページですむ曲であっても、スコアとなると膨大な量になり、指揮者は次から次にスコアをめくって指揮をします。（中には暗譜で振る指揮者もいますが！）

そんなスコアに、繰り返し記号があったらどうでしょう？ あるページまできたところで、何ページも戻って繰り返しの開始を探さなくてはなりません。稽古でもページを探す時間が歯がゆいですし、もし印をつけていたとしても、本番中に万が一めくり損なってはたいへんです。なので、指揮者用のスコアは、一方向にめくり続けられるよう、反復記号を使わずに（反復記号を「開く」と言われます）書くのが親切です。

これは、ソロの楽譜でも言えます。反復記号の濫用によって、視線があちこち移ったり、反復記号のたびにめくりが必要になったりするような譜面は、ふさわしくありません。楽譜を書く際には、めくりや読みやすさの配慮も必要です。

省略記号 ㊖ abbreviation

同じ内容を省略して記譜するための記号。これを用いることで、記譜や読譜が楽に行える。

省略記号 ㊖ abbreviation

前の1小節と同じ内容を繰り返す。

記譜

実際の演奏

省略記号 ㊖ abbreviation

前の2小節と同じ内容を繰り返す。

記譜

実際の演奏

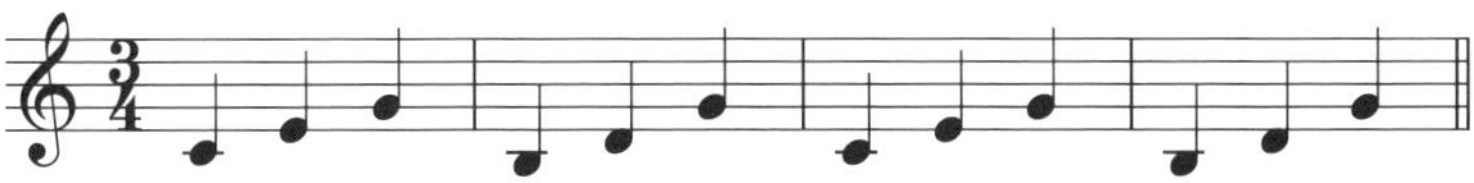

省略記号 (英) abbreviation

前の拍と同じ内容を繰り返す。

記譜

実際の演奏

省略記号 (英) abbreviation

前の2拍と同じ内容を繰り返す。

記譜

実際の演奏

simile

シーミレ (伊) (略) sim. (同)(独) ähnlich（エーンリヒ）

同じように。*simile*と書かれたあとも、直前に示された奏法の指示を継続して演奏する。

記譜

実際の演奏

豆知識

シーミレの類義語

シーミレは、イタリア語で「同様に」という意味。「（弦楽器で）そのままのポジションで」の意のレステ（(仏)restez）、「続けて」の意のセーグエ（(伊)segue→p.116）もシーミレと同じように用いられる。

coll'8va

(coll'8va alta)

コロッターヴァ・アルタ ㊟ coll'ottava alta

その音の1オクターヴ上の音を加えて演奏する。

記譜

実際の演奏

coll'8va

(coll'8va bassa)

コロッターヴァ・バッサ ㊟ coll'ottava bassa

その音の1オクターヴ下の音を加えて演奏する。

記譜

実際の演奏

作曲家のココロ

使いたいけど、使いたくない!?

歌謡曲のように、1番と2番で同じメロディーを繰り返す曲をアレンジする場合、反復記号を使って書けば仕事が楽！……なのですが、私の中の作曲家魂がそうはさせません。

繰り返すことで、譜読みや練習の負担を減らすことはできます。ですが、どんなささやかなピアノ曲であっても、私の場合はたいてい、繰り返しでは音域を変えたり、和音を少し華やかにしたりと、変化をつけたくなります。逆に、オーケストラアレンジの場合は、1回目になかった楽器を、繰り返しでほんの少し足すだけで響きに変化が出せるので、反復記号を適度に活用します。このとき、指揮者のスコアは反復記号は使わずに開き(→ p.80)、パート譜ではめくりの必要がなくなるようにあえて使うなど、奏者一人ひとりへの配慮は欠かせません。

反復記号を使うときには、時間の流れや曲の構成、奏者の負担など熟慮を重ねた上で、書くようにしています。何気なく目にする反復記号にも、書き手の意志があるのです。

速度用語 (英) tempo term

速さ（テンポ）を示す用語はイタリア語が多い。それぞれの用語の語源を知ると、曲のイメージがつかみやすい。ラルゴ、アンダンテ、アレグロなど、イタリア語による速度用語が一般に使用されているが、各用語が示す速度は絶対的なものではなく、時代によりさまざまな解釈が成り立つ。

メトロノーム記号 (英) metronomic indication (略) M.M.

メトロノームで計測されるテンポ表示。♩=60は1分間に♩を60回、♩=120は1分間に120回打つテンポで、M.M.♩=120とも書く。

♩= ca.120の「ca.」はチルカ（(ラ)circa）の略で、「約」「およそ」の意味。

豆知識

メトロノーム

メトロノームは、振り子の原理を応用して考案された曲の速度を表す機器で、拍を意味する「メトロン」と、規則を意味する「ノモス」を合わせた造語。ベートーヴェンの補聴器を考案したことでも知られる、ドイツの発明家メルツェルが1815年に特許をとったことから、メトロノーム記号をM.M.（メルツェルのメトロノーム）と呼ぶ。メトロノームは、現在ではデジタル機器やアプリも広く使われている。

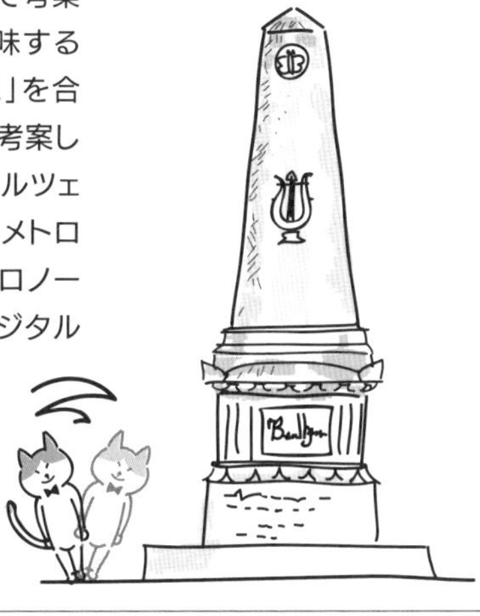

ベートーヴェンのお墓は
メトロノームの形！

Largo

ラルゴ (伊)

[同](独) breit（ブライト） (仏) large（ラルジュ）

たっぷりと遅く。

広々と余裕がある感じ！

楽曲の例　ヴィヴァルディ：ヴァイオリン協奏曲集「四季」より「冬」第2楽章冒頭

Larghetto

ラルゲット (伊)

ラルゴよりやや速く。

Lento

レント (伊) [同]

(独) langsam（ラングザム）
(仏) lent（ラン）

ゆるやかに遅く。

のろのろと、たるんだ感じ。

楽曲の例　ショパン：ワルツ 作品69-1 遺作冒頭（ピアノ）

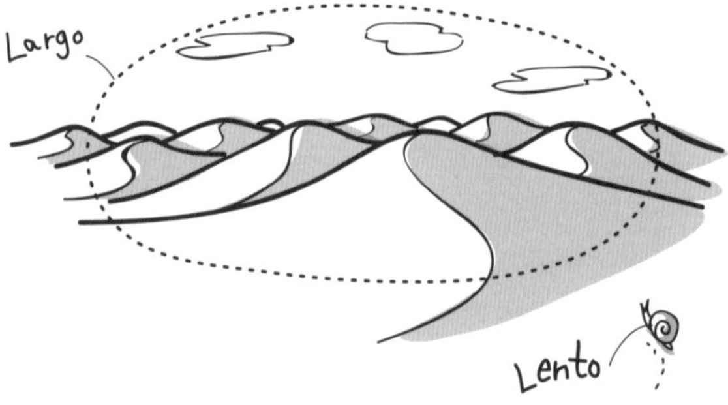

Adagio

アダージョ (伊)

ゆっくりと。

気楽に
くつろいで。

楽曲の例　コレッリ：ヴァイオリン・ソナタ「ラ・フォリア」冒頭

Adagietto

アダージェット (伊)

アダージョよりやや速く。

Grave

グラーヴェ (伊) [同] (独) schwer（シュヴェーア）　(仏) lourd（ルール）

重々しくゆるやかに。

どんより重苦しい感じ。

Andante

アンダンテ (伊) [同] (独) gehend（ゲーエント）　(仏) allant（アラン）

歩くようなテンポで。

てくてく進む。

楽曲の例　ハイドン：交響曲第94番「驚愕」第2楽章冒頭

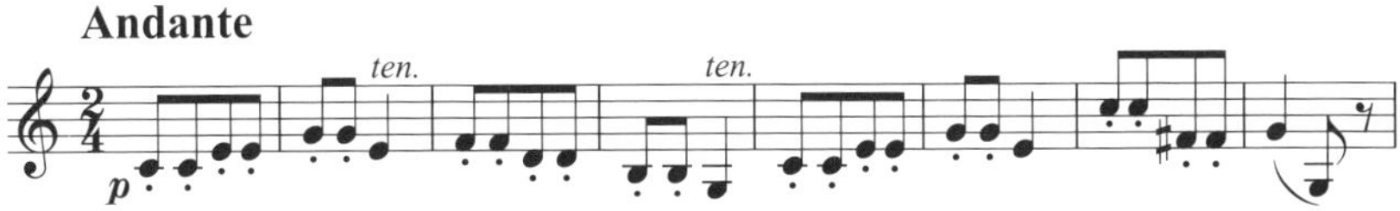

ちひろのつぶやき

andanteの元になるandareは「行く」「進む」を示す自動詞。私は、前に進んでいくエネルギーを含んでいるように感じます。

Andantino

アンダンティーノ （伊）

アンダンテよりやや速く。

楽曲の例　シューベルト：ピアノ五重奏曲「ます」第4楽章冒頭

Moderato

モデラート （伊） 同 （独）mäßig（メーシヒ） （仏）modéré（モデレ）

中くらいのテンポで。

ほどよい適度なテンポで。

楽曲の例　チャイコフスキー：バレエ「白鳥の湖」～「情景」より

ちひろのつぶやき

moderatoは、「ちょうどよい」の意味。「ちょうどよい」と感じるお風呂の湯加減は、人それぞれであるように、「ちょうどよさ」を大切にしてもいい気がして、私は好きな言葉です。

Allegretto アレグレット (伊)

やや速く。

アレグロより少し遅く。

楽曲の例 モーツァルト：「アイネ·クライネ·ナハトムジーク」第3楽章冒頭

Allegro アレグロ (伊) [同] (独) schnell（シュネル） (仏) gai（ゲ）／gaiement（ゲマン）

快速に。

さっそうと楽しい感じ！

楽曲の例 ベートーヴェン：ヴァイオリン・ソナタ第5番「春」第1楽章冒頭

Vivace ヴィヴァーチェ (伊) (略) viv. [同] (独) lebhaft（レープハフト） (仏) vif（ヴィフ）

生き生きと速く。

活発にすばしっこく！

楽曲の例 ショパン：マズルカ 作品7-1 冒頭

Vivo

ヴィーヴォ (伊)　同 (独)lebendig（レベンディヒ）

生き生きと速く。

Presto

プレスト (伊)　同 (独)eilend（アイレント）
(仏) vite（ヴィット）

急速に。

すばやく急いで。

楽曲の例　モーツァルト：オペラ「フィガロの結婚」序曲冒頭

Prestissimo

プレスティッシモ (伊)

きわめて急速に。

一番速く！

ちひろのつぶやき

伊和辞典で意味を調べてみると、vivoやvivaceは力強い生命力を、prestoは急いでいる心の状態を含んでいるように感じます。

tempo di~

テンポ・ディ (伊)

～のテンポで。

楽曲の例　チャイコフスキー：「弦楽セレナーデ」第2楽章冒頭

例			
	Tempo di valse	テンポ・ディ・ヴァルス	ワルツのテンポで
	Tempo di marcia	テンポ・ディ・マルチャ	行進曲のテンポで
	Tempo di ballo	テンポ・ディ・バッロ	舞踏曲のテンポで
	Tempo di minuetto	テンポ・ディ・ミヌエット	メヌエットのテンポで

strascicando

ストラッシカンド (伊)

音を引きずるように（ゆっくりと）。

affrettando

アッフレッタンド (伊)

急いで。

steso

ステーゾ (伊)

遅く、幅広く。

作曲家の
ココロ

音楽の“気分”を大切に

私は、自分の曲のテンポにこだわりがあるほうなのですが、できることならメトロノーム記号（数字）で書き示したくないという矛盾の中にいます。心理状態や演奏環境によって、弾き手や聴き手の聴感がわずかに変化するということと、解釈を奏者にゆだねてみたいという冒険心からです。私自身が人の楽譜を読み解くとき、拍子とメロディの性格である程度速度を推理できますし、音楽が語っているのだから数字は必要ない、あるいは数字によって解釈の幅を狭められたくないと思うこともあります。

とはいっても、イメージする速度を確実に伝えたいときや、自分の音楽の書き方が不十分であることがありますから、やはり数字や言葉の力を借りるのもいいのでしょう。でも、私たちが速度用語で伝えたいのは、速さよりも音楽の“気分”のほうなのです。

Allegroは、「快活に」と訳されてしまいますが、イタリア語の意味は「陽気」。Largoなら「だぶだぶっとした」「ゆったりとした」イメージ。印象が少し変わってきませんか？ 私の場合は、元になった言葉が含むニュアンスをいつも念頭に置いて、速度用語を選んでいます。

速度変化 (英) agogic

テンポやリズムを意図的に変化させることを「アゴーギク」という。

ritardando

リタルダンド (伊) (略) rit.／ritard.

だんだん遅く。原義は「遅れる」の意。

rit.（リット）の形で使われることが多い。

rallentando

ラッレンタンド (伊) (略) rall.

だんだん遅く。原義は「ゆるめる」「勢いが弱まる」の意。

rilasciando

リラッシャンド (伊)

だんだんゆっくりと緊張を解いて。

cedendo

チェデンド (伊) 同 (仏) cédez（セデ）

だんだん遅く。

slargando

ズラルガンド (伊)

だんだん遅く、幅広く。

slentando

ズレンタンド (伊)

だんだん遅く。

accelerando

アッチェレランド 伊 略 accel.

だんだん速く。

calcando

カルカンド 伊

だんだん速く。

stringendo

ストリンジェンド 伊 略 string.

だんだんせきこんで。

più mosso

ピウ・モッソ 伊

これまでより速く。

più は「もっと」「より多く」（プラス、→p.166）、mossoは「躍動して」の意。

meno mosso

メーノ・モッソ 伊

これまでより遅く。

meno は「より少なく」（マイナス、→p.166）。

ritenuto

リテヌート 伊 略 riten.

ただちに遅く。

ちひろのつぶやき

rit.とriten.は、似ているようで全く別！
強い意志を持って
しっかり書き分けています。

a tempo

ア・テンポ (伊)

元のテンポで。

テンポの変化後、
元のテンポに戻る。

tempo giusto

テンポ・ジュスト (伊)

正しいテンポで。

in tempo

イン・テンポ (伊)

テンポどおりに正確に。

Tempo I

テンポ・プリモ (伊)

最初のテンポで。

曲の冒頭のテンポに戻る。

L'istesso tempo

リステッソ・テンポ (伊)

同じテンポで。
拍子が変わって、基準となる拍の音価が変わっても、テンポを同じに保つ。

解説 リステッソ・テンポの記譜例

記譜例

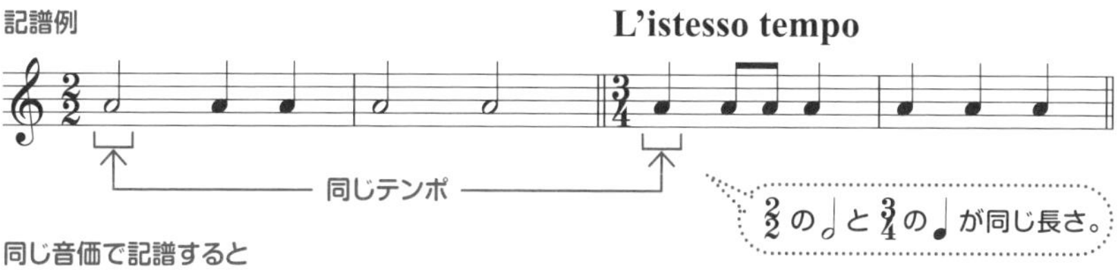

同じ音価で記譜すると

Doppio movimento ドッピオ・モヴィメント ㊈

2倍のテンポで。
「ドッピオ」は「2倍」、モヴィメントは「動き」の意。

解説 ドッピオ・モヴィメントの記譜例

記譜例

演奏例

全部同じ演奏になる！

tempo rubato

テンポ・ルバート (伊)

テンポを柔軟に変化させて。

ルバートは「盗まれた」の意。ある音符の長さの一部を盗み、他の音符に与えることで、テンポを伸縮させ、抑揚をつける。

senza tempo

センツァ・テンポ (伊)

自由なテンポで。

センツァは「〜なしで」という意味。

tempo a piacere

テンポ・ア・ピアチェーレ (伊)

任意のテンポで。

強弱も奏者の自由に任される。

tempo ad libitum

テンポ・アド・リビトゥム (伊)

自由に即興的なテンポで。
ad libitumはラテン語で「自由に」の意。略語のad lib.（アドリブ）は「即興演奏」のこと。

お好きなように！という感じ。

a bene placito

ア・ベーネ・プラーチト (伊)

自由に、随意に。

特にテンポに関して。

作曲家のココロ

テンポのゆれ

4人8手のピアノ連弾曲をレコーディングしたとき、中間部に入ったあとから、全員のテンポが自然と少し速くなりました（お互いの音を聴きあっているので、そもそも1人だけが速くなるということはないわけですが）。そこは、音楽のエネルギーが高まっていく場面だったので（かといって più mosso と書くほどではなく）、もし最初のテンポのまま規則正しく進んでいたら、私は演奏を一旦止め、テンポアップのお願いをしたと思います。言わずともみなさまが音楽から感じとり、そっとアクセルを踏んでくださったことが、とても嬉しかったのです。

自然な音楽は、必ずテンポにゆれが伴います。ここぞというときにぐっと前に進んだり、そっとブレーキがかかったり。心の状態によって心臓がドキドキしたり落ち着いたりするように、音楽も脈打ち、ゆれています。

強弱記号 ㊓ dynamic mark

強弱の度合いや変化を示す用語や記号。

p

ピアノ ㊥ piano

弱く。

イタリア語の「ピアノ」は、「平らな」
「わかりやすい」「やさしい」などのニュアンス。

f

フォルテ ㊥ forte

強く。

イタリア語の「フォルテ」は、「激しい」
「丈夫な」「相当な」などのニュアンス。

mp

メッゾ・ピアノ ㊥ mezzo piano

やや弱く。

mf

メッゾ・フォルテ ㊥ mezzo forte

やや強く。

イタリア語の「メッゾ」は「半分の」「中間の」の意味。
「メッゾ・ソプラノ」(→p.16、193)とか
「メッゾ・スタッカート」(→p.111)もあるよ。

強弱記号

pp

ピアニッシモ (伊) pianissimo

非常に弱く。

ff

フォルティッシモ (伊) fortissimo

非常に強く。

ppp

ピアノ・ピアニッシモ (伊) piano pianissimo

ピアニッシモよりさらに弱く。

「ピアニッシッシモ（(伊) pianissississimo）」ともいう。

fff

フォルテ・フォルティッシモ (伊) forte fortissimo

フォルティッシモよりさらに強く。

「フォルティッシッシモ（(伊) fortissississimo）」ともいう。

解説 強弱の相対関係

ppp ***pp*** ***p*** ***mp*** ***mf*** ***f*** ***ff*** ***fff***

チャレンジ！

下の楽譜はどれも *mp* でスタートしている。①と②を演奏するとき、どんな違いがあるか考えてみよう（*cresc.*についてはp.105参照）。

①

②

①

②

①

②

作曲家のココロ

強弱記号にご遠慮なく

私自身、子どもの頃は強弱記号にとらわれて、指示された強弱の枠を超えることを恐れていたように思います。***p*** と書いてあったら、次の強弱記号までずっと ***p*** を守り抜くといった具合に。ですが今は、例えば ***p*** の時間であっても、音楽の抑揚に合わせて、堂々と ***mp*** や ***mf*** までふくらませることを躊躇なくします。あまり大げさな表現になると品がなくなりますが、音楽はいつもふくらんだりしぼんだりするものだと思うのです。

演奏するとき、まずは怖がらずにしっかり強弱の変化で表情をつけてみることをおすすめします。楽譜に書かれていなくても、楽譜をよく読み自分がそうしたいと感じたなら、遠慮なくそうしてみるのがいいと思います。次に、誰かに聴いてもらったり録音したりして、自分の奏でた音を確かめてみましょう。自分ではたっぷり表情をつけて演奏しているつもりでも、実際鳴っている音は意外とそうでもなかったりするものです。そしてその気づきこそが、表現力の進歩につながります。

強弱記号

作曲家のココロ

音楽の解釈はあなたのもの

f は強く、***p*** は弱く。

事典ではどうしてもそうなってしまいますが、作曲家たちは決して、そのように即物的な感覚で記号を書いてはいないと思うのです。

ひとくくりに ***f*** といっても、怒り狂った ***f***、包み込むような ***f***、発散するような ***f*** ……いろいろ考えられますよね。作曲家はすでに音でめいっぱい語っているはずですから、あとは読み手の解釈に委ねられます。

演奏者はまず自分なりのイメージを定めたら、次にその音色を出すための奏法を選ぶ必要があります。その演奏技術を習うのが、いわゆる専門家からのレッスンです。譜読みや間違いのサポートをしてもらうことにとどまらず、自分が奏でたい音色の出し方、身体の使い方を具体的に教わることで、表現の幅を広げていけます。逆を言えば、音楽を解釈するのは、楽譜を手にした一人ひとり。人から教え込まれるものではありません。それぞれが自由に感じ、読みほぐしていいものだと思います。

作曲家のココロ

pp の1音でもクライマックスになることがある

私は先生から「音楽の頂点は、***pp*** の1音でも作ることができる」と学びました。***ff*** でたくさんの音を書くことでしかクライマックスを作れないと考えていた大学時代の私にはあまりに衝撃で、心を突き刺すお言葉でした。

それから、音楽を書く上で、強弱がいかに奥深く、音楽においてどれほど重要な要素であるかをよく考えるようになりました。以来、強弱の解釈にはとても敏感になり、今自分の作品に強弱記号を書くときは、とても慎重に、そして覚悟を持って書いています。

強弱変化 (英) dynamics

強弱の変化によって、音楽表現や曲想を変えることを「ダイナミクス」という。

crescendo

クレッシェンド (伊) (略) cresc.

だんだん強く。

イタリア語の「クレッシェンド」は「膨張する」「満ちていく」というイメージ。
 は、その形から「松葉」とも呼ばれる。

decrescendo

デクレッシェンド (伊) (略) decresc.

だんだん弱く。

「デ」は「下降」「否定」「除去」などを意味する接頭語。
デクレッシェンドは「クレッシェンドしない」という意味。

diminuendo

ディミヌエンド (伊) (略) dim.／dimin.

だんだん弱く。

イタリア語のニュアンスは
「減らす」「和らげる」など。

dim. e rit.

ディミヌエンド・エ・リタルダンド

(伊) diminuendo e ritardando

だんだん弱く、そしてだんだん遅く。

ちひろのつぶやき

crescendoの度合いや加減はさまざま。演奏の際、音楽に
合いそうなものを選ぶ作業は、とても楽しい時間です。

calando

カランド (伊) (略) cal.

弱くしながらだんだん遅く。

「下がる」「沈む」「減る」のニュアンス。

楽曲の例 ショパン：ノクターン 作品72-1 終結部（Andante）（ピアノ）

morendo

モレンド (伊) 同(独)sterbend（シュテルベント）

だんだん弱く消えていくように。

「ひん死の」「消えていく」のニュアンス。

smorzando

ズモルツァンド (伊) (略)smorz.

同(伊)sminuendo（ズミヌエンド）(伊)sminuito（ズミヌイート）
(伊)smorendo（ズモレンド）

弱くしながらだんだん遅く。

「静まる」「緩和する」「消える」のニュアンス。

ちひろのつぶやき

かつてmorendoやperdendosiを多用していた時期があり、先生に「君、大丈夫？」と言われたことがあります。失恋したときだったかな……。

perdendosi

ペルデンドシ 伊

弱くしながらだんだん遅く、消え入るように。

「失う」「逃がす」のニュアンス。

楽曲の例　ドビュッシー：「夢」終結部（Andantino）（ピアノ）

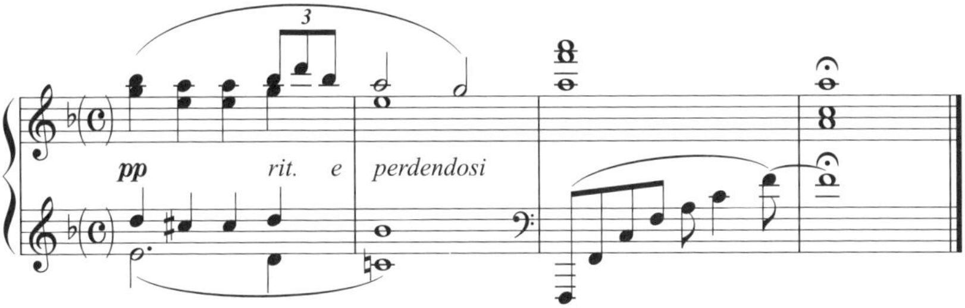

allargando

アッラルガンド 伊 略 allarg.

強くしながら次第に遅く、幅広く。

「広げる」「大きくする」のニュアンス。

楽曲の例　ムソルグスキー：「展覧会の絵」～「キエフの大門」終結部より（ピアノ）

強調表現 (英) accent

音を特に強調して、引き立たせるための記号や言葉。

アクセント (英) accent [同] (仏) accent（アクサン） (伊) accento（アッチェント）

その音を特に強調して強く。

> より ∧ のほうが強い。

ちひろのつぶやき

音を大事に包み込むような、独特のニュアンスで発音します。

豆知識

こんな記号もある！

<>は、発音後に音量の強弱がつけられる楽器や、声楽の楽譜に書かれることが多い強調記号。

fz

フォルツァンド (伊) forzando [同] (伊) forzato（フォルツァート）

その音を特に強く。

ffz

フォルツァンディッシモ (伊) forzandissimo

フォルツァンドよりさらに強く。

sf *sfz* スフォルツァンド

(伊) sforzando
[同](伊) sforzato（スフォルツァート）

その音を特に強く。

fz に「s」がついて意味が強まったもの。

rf *rfz* *rinf* *rinfz* リンフォルツァンド

(伊) rinforzando
[同](伊) rinforzato（リンフォルツァート）

特に強く。

「急激に強める」という意味があり、一音だけでなくフレーズ全体を強めるときに使われる場合もある。

fp フォルテ・ピアノ

(伊) forte piano

強く、そしてすぐに弱く。

楽曲の例 モーツァルト：オペラ「フィガロの結婚」序曲より

sfp スフォルツァンド・ピアノ

(伊) sforzando piano
[同](伊) sforzato piano（スフォルツァート・ピアノ）

その音を特に強く、そしてすぐに弱く。

作曲家のココロ

音を印象づけるための記号

緑色の中に赤色を差せば目立ったアクセントになりますね。
それでは緑色の中に黄緑だったらどうでしょう？
赤色ほどではありませんが、きっとそこに目がいくはずです。
さりげなく、柔らかく、ハッとするような音が欲しいときも、作曲家はアクセントを書きます。広義に捉えてしまえば、ふと弱奏にすることだって、アクセントの一種と言えるかもしれません。
アクセントは、特に強くというよりは、その音を「印象づける」記号だと私は考えています。どう印象づけるかは、曲によって違っていいのです。いつも同じように、硬く、強くする記号では決してありません。

アーティキュレーション (英) articulation

音の切り方、延ばし方を示す記号・用語。各音を演奏する際の長さは絶対的なものではなく、作品や時代、演奏家によって異なる。

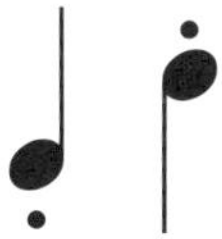

スタッカート (伊) staccato (略) stacc.

音を短く切る指示。

元は「切り離す」の意。

スタッカティッシモ (伊) staccatissimo

スタッカートよりさらに音を短く切る指示。

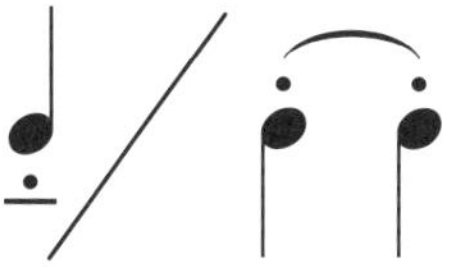

メッゾ・スタッカート (伊) mezzo staccato

音をやや短く切る指示。スタッカートより長め。

書き方

作曲家のココロ

スタッカートの表情

小学校5年生の女の子にピアノのレッスンをしていたときのこと。ポール・デュカスのオーケストラ曲「魔法使いの弟子」のピアノアレンジを課題に出しました。原曲では、メインメロディがファゴットで奏されます。

彼女は、メインメロディに書かれているスタッカートが、どうしても硬く乾いた音になってしまい、手首に力が入ってしまいます。私は「もっと柔らかい、ふんわりしたスタッカートで弾いてみようか」と言いそうになるのをグッとこらえ、まず原曲の音源を探し、その場面を一緒に何度も聴きました。そして、ファゴットの音色について語り合いました。柔らかい感じ、もごもごしてる、くもっている感じ……次々と印象を言葉にしてくれました。

その後、「じゃあ、今の音色を真似して弾いてごらん？」と言うと、数分探り弾きしたのち、柔らかく、丸みのあるスタッカートに自ら変えたのです！ ファゴットのニュアンスと、自分が出していた硬い音との違いに気がついたんですね。スタッカートにもいろいろな表情があることを、彼女は私の言葉からではなく、他の楽器の音色から、そして自分自身の耳で、学んだのです。

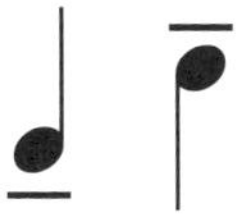

テヌート (伊) tenuto (略) ten. (同)(独) gedehnt（ゲデーント）

音の長さを十分保って。

「保たれる」「義務がある」などの意。

sostenuto

ソステヌート (伊) (略) sost.／sosten.

(同)(伊) sostenendo（ソステネンド）
(独) gehalten（ゲハルテン）
(仏) soutenu（ストゥニュ）

音の長さを十分に保って。

「支えられた」
「持ちこたえる」などの意。

タイ (英) tie

同じ高さの音を結ぶ弧線。タイでつながれた2つの音符を、1つの音符として切れ目なく演奏する（2つの音の長さが加算される）。

タイは「結ぶ」「つなぐ」などの意。

スラー (英) slur (同) (独) Legatobogen（レガートボーゲン）(仏) liaison（リエゾン） (伊) legatura（レガトゥーラ）

違う高さの音を結ぶ弧線。スラーでつながれた複数の音符を、なめらかにつないで演奏する。スラーによって、フレーズの区切りを表すこともある。

解説 スラーの具体的な奏法

① ピアノ：次の音に移るまで鍵盤から指を離さない。
② ヴァイオリンなどの弓奏楽器：ボウイングを変えずに一弓で弾く（→p.137）。
③ 管楽器：タンギングをせずに一息で吹く。
④ 声楽：ブレス（息継ぎ）をせずに一息で歌う。

ポルタート (伊) portato

(同)(伊) portando（ポルタンド） (仏) louré（ルレ）

スタッカートとレガートの中間（弦楽器奏法のポルタートについては→p.137）。

フェルマータ (伊) fermata

拍運動を停止する記号。結果として、音符や休符の長さを延長させる。複縦線につけると終止記号の意味、歌詞の段落や区切り、カデンツァ（→p.175）の挿入箇所やゲネラルパウゼ（→p.177）を示すこともある。

元は「停止」の意。フェルマータのマークには、停留所や太陽（コロナ）、王冠の意味もある。

lunga

ルンガ (伊)

特に長く延ばすことを示す。フェルマータ記号の上に併記されることが多い。

書き方

ちひろのつぶやき

テヌートやソステヌートは、特に大事にしたい音に書きます。「十分に保って」ほしいのには、必ず理由があります。

legato

レガート (伊) (略) leg.

[同] (伊) legabile（レガービレ） (伊) legando（レガンド）
(仏) lié（リエ）

なめらかに音をつないで（弦楽器奏法のレガートについては→p.137）。

「結ばれた」「つながれた」などの意。

non legato

ノン・レガート (伊) [同] (仏) délié（デリエ）

レガートでなく、音を切って演奏する。

marcato

マルカート (伊) (略) marc. [同] (仏) marqué（マルケ）

一つひとつの音をはっきりと。

「目印をつける」「目立つ」などの意。

,

ブレス (英) breath [同] (独) Atempause（アーテムパウゼ）

声楽や管楽器の楽譜に書かれる息継ぎのマーク。「息をつく間」の意で、フレーズの切れ目でごく短い休止を行う。

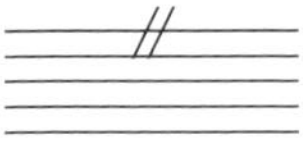

カエスーラ (ラ) caesura　同(伊) cesura（チェズーラ）

ラテン語の韻律用語で「休止」「中断」の意味。音楽の少しの間の休止を示す。

楽曲の例　F.ドルドラ：「思い出」より（ヴァイオリン）

attacca

アタッカ (伊)　(略) att.

間を置かずに続けて次の部分（楽章など）に入る。

segue

セーグエ (伊)　(略) seg.

「続けて」の意。中断せずに続けて次へ進む。

「同様に」「同じ奏法で」の意味もある（simile→p.82）。

例　segue la coda　セーグエ・ラ・コーダ　中断せずにコーダ（終結部）へ進む

ちひろのつぶやき

休符で、長さを明確に定めたくないけれど、一瞬の「ため」や「間《ま》」がほしいとき、私はカエスーラを書きます。その加減は、奏者に委ねます。

作曲家のココロ

フェルマータに託していること

予想外の展開や、感動的な場面への期待感を高めたいときに、作曲家はフェルマータを書くことがあります。

リスト「愛の夢」のこの部分を見てください。

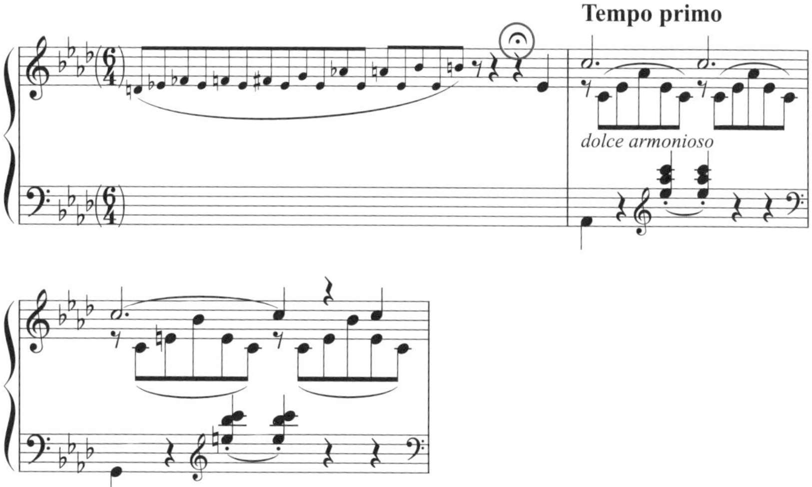

まるで、再び冒頭のメロディを始めることをじらしているかのよう！

この停止があるからこそ、次の瞬間に大きな感動を呼ぶのです。

ほかにも、前のフレーズからの到達感を出すためや、聴き手や奏者に聴く時間を与えるためなど、作曲家それぞれに思惑があって、拍を停止させます。フェルマータがついた音や休符そのものが大事というより、時間の流れを止めて表現したい何かがあるのだと思います。そしてその手がかりは、フェルマータが付された音や休符ではなく、その前後の音楽に隠されています。

装飾音 (英) ornament

音を飾るための音符や記号。時代や地域、作曲家によってさまざまな種類があり、演奏上の解釈も一定ではない。ここでは、一般的な記号の書き方と奏法例を紹介する。

前打音 ぜんだおん (伊) appoggiatura（アッポッジャトゥーラ）

ある音の前に置かれる装飾音。通常より小さい音符で示し、スラーでつなぐ。音の長さによって「長前打音」と「短前打音」があり、複数の音による「複前打音」もある。

イタリア語のアッポッジャトゥーラは、「寄りかかる」の意味。

解説 前打音の弾き方

装飾音の書法と演奏習慣はバロック～古典派時代の作品に多くみられるが、ロマン派以降の作曲家は装飾記号を使わず、実際の音符で書き示すことも多い。下記の奏法例は、①装飾音が拍と同時に奏される場合（古典派以前）と、②装飾音が拍に先行する場合（ロマン派以後）を示す。

装飾音の符幹（ぼう）は常に上向きに書く。

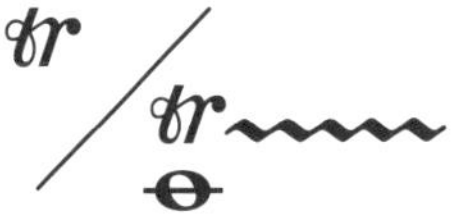

トリル　㊥trill

同 ㊤trillo（トリッロ）　㊦Triller（トリラー）
　㊄trille（トリーユ）　㊄tremblement（トランブルマン）

記号がついた音とそのすぐ上の音とをすばやく反復させる。どちらの音からトリルを始めるか、何回反復させるかは、時代の演奏習慣や演奏家の意図による。

トリルは「ふるわせる」という意味。

解説　トリルの弾き方

基本的な奏法

記譜　　　　奏法例

記号の上に臨時記号（→p.58）がつく場合

記譜　　　　奏法例

バロック～古典派の時代
（17世紀～18世紀）には
たくさんの装飾音が使われていた。

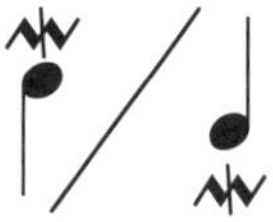

モルデント　独 Mordent

同 伊 mordente（モルデンテ）　仏 mordant（モルダン）
英 mordent

記号がついた音とそのすぐ下の音を1回すばやく反復させる。
（複モルデント）は2回反復させる。

解説　モルデントの弾き方

記譜　奏法例

記譜　奏法例

記譜　奏法例

プラルトリラー　独 Pralltriller　同 英 upper mordent

記号がついた音とそのすぐ上の音を1回すばやく反復させる。「上方モルデント（アッパー・モーデント）」ともいう。反復が複数回繰り返されるとトリル（→p.119）になる。

解説　プラルトリラーの弾き方

記譜　奏法例

記譜　奏法例

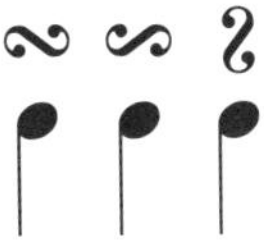

ターン 英 turn

同 伊 gruppetto（グルッペット）　独 Doppelschlag（ドッペルシュラーク）
仏 doublé（ドゥブレ）

記号がついた音の上下に音を加えて、まといつくように動く装飾音。「回音」ともいう。通常は記号がついた音の上の音から始めるが、下の音から始める場合もあり、「転回ターン」と呼ばれる（上下逆の記号 ∾ や縦型の記号 ≀ が用いられる）。

解説 ターンの弾き方

●基本的な奏法

記号がついた音の上の音から

記譜　奏法例

記号がついた音から

記譜　奏法例

●転回ターン

記号がついた音の下の音から

記譜　奏法例

●記号の位置が音と音の間の場合

記譜　奏法例

●記号に臨時記号がつく場合

記号の下に臨時記号

記譜　奏法例

記号の上下に臨時記号

記譜　奏法例

作曲家のココロ

装飾音のスピード

あるピアニストが私の曲をレコーディングしてくださったときのことです。

春の陽気を描写した穏やかな曲の中に、ところどころ長めのトリルを書いていました。私は作曲した張本人ですから、もちろんトリルのニュアンスもイメージが頭にでき上がっています。

そのときは、作品に客観性を持たせるため、解釈を一旦演奏家に委ねて、そこからお互いの考えをすり合わせていくという方法をとったのですが、トリルのスピードが、私の想像よりもあまりに速く（音数が多く！）、一瞬椅子から立ちあがったほど、びっくりしてしまいました。そこで私は「もっとゆっくりやさしく」とお願い……するのではなく真逆！ 作曲者本人である私のイメージをくつがえし、キラキラとして遥かに素晴らしく、全く新しい音楽にしていただいたことに、感動したのです。

自分の作品を演奏していただく際、自分の考えを先に全て伝えてしまっては、自分のイメージだけに収まってしまいます。私はこの経験があって、作品の可能性は演奏家が広げてくれるんだと感じました。そして、装飾音のスピードが、これほどにも音楽に影響するということも、改めて学んだのでした。

奏法記号 ㊥ performance mark

ここでは、いろいろな楽器に共通して用いられる一般的な奏法を紹介する。各楽器特有の奏法については、「楽器の奏法記号」の章を参照。

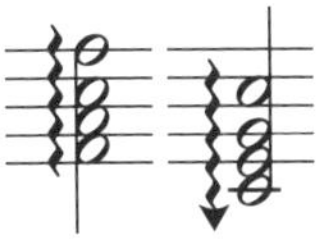

アルペッジョ ㊀ arpeggio ㊁ arpegg.／arp.

和音（上下に積み重ねられた音）の各音を、同時ではなくタイミングを少しずらして順に演奏する。和音の左側に波線を記して、下から上へ向かうアルペッジョを示す。波線に下向きの矢印をつけると、上から下へ向かうアルペッジョとなる。

解説 アルペッジョの弾き方

ピアノの楽譜で、波線が途中で切れているときは、左右同時に弾き始め、上下に続いているときは、下から上（左手から右手）へ順番に演奏する。

アルペッジョは楽器のハープが語源。
波線を書かずにarpegg. やarp.と書くこともある。

トレモロ ㊥ tremolo ㊮ trem.

同じ音をすばやく反復、または高さの違う2つの音を交互にすばやく反復する。下記のようにいろいろな書法がある。

解説 トレモロの弾き方

①1音の反復

記譜 奏法例

記譜 奏法例

記譜 奏法例

記譜 奏法例

記譜 奏法例

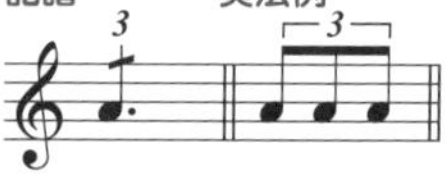

記譜 奏法例

記譜 奏法例

こんな書き方もある。

②2音の反復

記譜 または 奏法例

1つの符頭（たま）がトレモロを奏する長さを表す。

③重音のトレモロ

楽器によって奏法が変わる。

記譜 奏法例（ピアノ）

奏法例（ヴァイオリン）

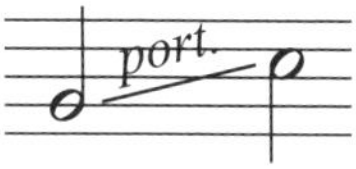

ポルタメント　伊 portamento　略 port.

ある音から高さの違うある音へ向かって、なめらかに音高を変化させながら奏する。音の運びが音階的ではない点が、グリッサンドとは異なる。声楽や弦楽器、管楽器（特にトロンボーン）で用いられる。弦楽器では、弦を押さえる指を滑らせて奏する。

「持ち運ぶ」「届ける」という意味のイタリア語「ポルターレ」に由来。イタリア語で「ポルターレ・ラ・ヴォーチェ portare la voce」、フランス語で「ポール・ドゥ・ヴォワ port de voix」ともいう（「声を運ぶ」という意味）。

グリッサンド　伊 glissando　略 gliss.

同 伊 scivolando（シヴォランド）

ある音から、高さの違う音へ、滑らせるように演奏する。音の運びが音階的である点が、ポルタメントとは異なる。鍵盤楽器や管楽器で多用される。

「滑る」という意味のイタリア語「グリッサーレ glissare」に由来する。

記譜　　奏法例

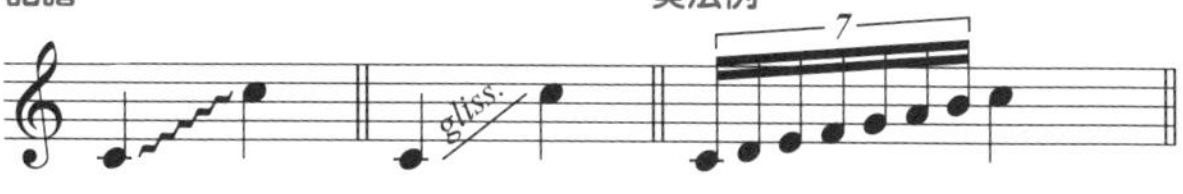

ちひろのつぶやき

装飾音だけでなくアルペッジョやグリッサンド、ポルタメントなどもスピードによってかなり印象が変わります。速くずらしたり、ゆっくりにしてみたり、いろいろ試してみることをおすすめします。

vib.

ヴィブラート (伊) vibrato (略) vib.

音を延ばしている間に音高を微妙に揺らす奏法。美しい響き、さまざまな表情を出せる技巧で、声楽や各種楽器で用いられる。弦楽器では主に左の手首を動かし、弦を押さえる指先を連続的にふるわせる。管楽器では、息や唇をコントロールすることでヴィブラートをかける。

ヴィブラートは「ふるえる」の意。音を揺らす加減は、奏者に任されることが多い。ヴィブラートをかけないときは、non vib.と記す。

ordinario

オルディナーリオ (伊) (略) ord.

特殊奏法を行ったあと、通常の奏法に戻す指示（posizione ordinario→p.143）。

con sord.

コン・ソルディーノ (伊) con sordino (略) con sord.

[同](独) mit Dämpfer（ミット・デムプファー）
(仏) avec sourdine（アヴェック・スルディヌ）
(英) with mute

弱音器を使用して（弦楽器の弱音器→p.145、管楽器の弱音器→p.151、打楽器の弱音法→p.155）。

senza sord.

センツァ・ソルディーノ (伊) senza sordino (略) senza sord.

[同](独) ohne Dämpfer（オーネ・デムプファー）
(仏) sans sourdine（サン・スルディヌ）
(英) open

弱音器を使わずに、または弱音器をはずして。

ちひろのつぶやき

R.シュトラウスの「アルプス交響曲」の冒頭では、弦楽器パートを細かくディヴィジ(→p.176)し、さらに全員がコン・ソルディーノ(mit Dämpfer→p.126)で演奏します。この工夫により、夜明け前の静けさと張りつめた空気、そして何とも言えない緊迫感を感じます。

R.シュトラウス：「アルプス交響曲」～「夜」冒頭（弦楽器パート）

ピアノの奏法記号

ピアノ譜は2つの譜表を上下につなげた大譜表（→p.17）を用いる。ここでは、ピアノの奏法やペダルの操作に関する記号を紹介する。

指番号／フィンガリング　英 fingering

ピアノの楽譜で、音符に付された数字を「指番号」という。1=親指、2=人差し指、3=中指、4=薬指、5=小指で弾く。

解説　右手と左手の指番号

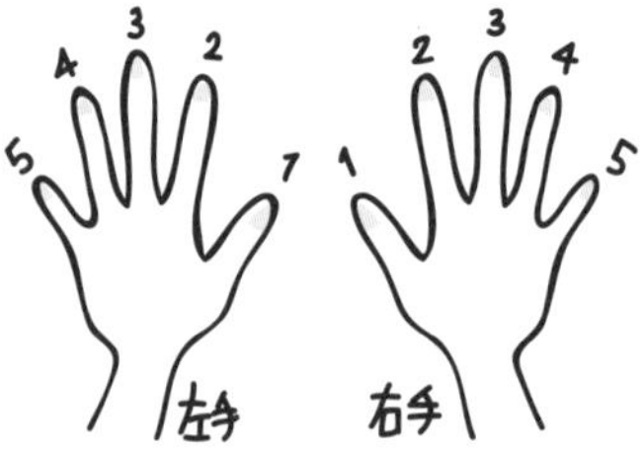

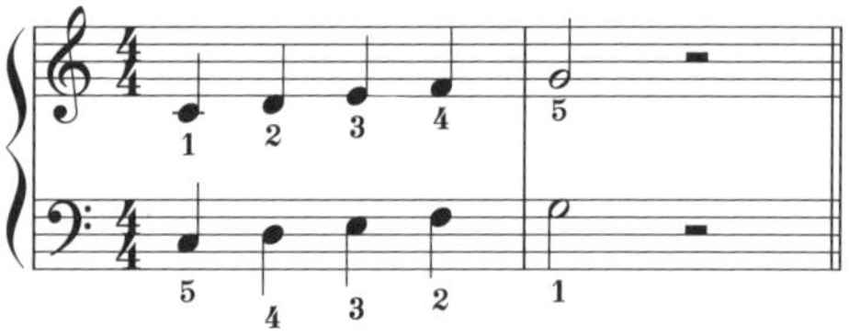

m.d.
r.h.　R.H.

マーノ・デストラ　伊 mano destra　略 m.d.
マン・ドロワット　仏 main droite　略 m.d.
ライト・ハンド　英 right hand　略 r.h.　R.H.
レヒテ・ハント　独 rechte Hand　略 r.h.　R.H.

右手で演奏する。左手より右手で演奏したほうが弾きやすくなる、音楽の意図が明確になる場合などに指示される。線で示すこともある。

m.s. m.g. L.H. l.h.

マーノ・シニストラ　(伊) mano sinistra　(略) m.s.
マン・ゴーシュ　(仏) main gauche　(略) m.g.
レフト・ハンド　(英) left hand　(略) l.h.　L.H.
リンケ・ハント　(独) linke Hand　(略) l.h.　L.H.

左手で演奏する。右手より左手で演奏したほうが弾きやすくなる、音楽の意図が明確になる場合などに指示される。線で示すこともある。

書き方

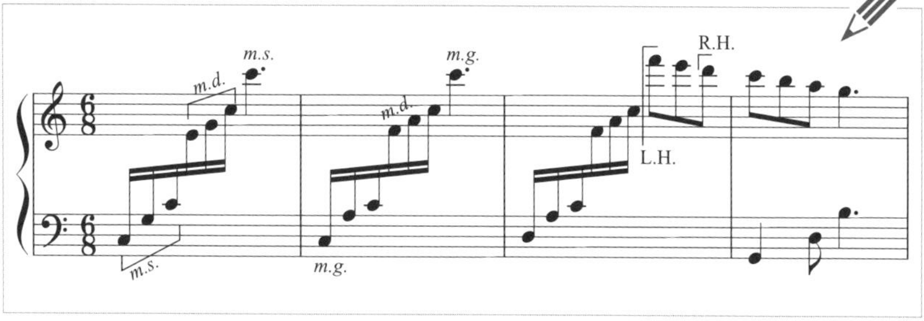

ピアノで両手を交差させるヴォルテッジャンド（(伊) volteggiando）という奏法は、くるくる飛び回るという意味のイタリア語に由来。

ちひろのつぶやき

手の交差は、見た目がかっこいい！ と、子どもたちが喜ぶので、彼らのモチベーションのために書くことがあります。一方、プロのピアニストには、演奏の際は、体をひねるような姿勢になるため、「これ、肩と腰に悪いよ」と渋られてしまいました（笑）。

作曲家のココロ

指番号は守ったほうがいい?

子どもたちのために書いたピアノ曲を弾いていただくとき、「書かれている指番号ではまだ弾けないのですが」「これを2の指にした理由はなぜでしょうか」といった質問を受けることがあります。

私の場合、運指は少しでもお役に立てればいいなというガイドとして書くことがほとんどで、ときにはピアノ専門の方に任せることもあります。なぜなら、人によって、手の形、指の長さ、指くぐりのくせなど千差万別なのですから。ショパンの楽譜を見ても、本人と弟子や校訂者のとではずいぶん違います。

もちろん、無責任な楽譜を書く人などいませんから、自然に指が運べるようにと、熟考の末書くわけですが、その提案だけでも2、3パターン考えられることもあり、そのうちの1つを止むを得ず選んでいることになります。

生真面目な（?）私は、幼少期からずっと、楽譜に書かれた運指を守ってきました。弾きにくいなと思っても、それは自分の指がいけないんだ！ と、楽譜を疑いもせず、真面目に真面目に……。ところが、高校生になってから出会ったピアノの先生は違いました。「あなた、ここはどの指が出る？ 弾きたいように弾いてご覧なさい」とおっしゃるのです。一旦、楽譜に書かれた指番号を無視し、自分の指が自然に出るままに弾くと「あぁ、はいはい」と、私に合った指番号にみるみるうちに書き換えてくださいました。私のくせを見抜き、それを矯正するのではなく、生かしてくださったのです。書かれた運指が、演奏や読譜の助けになることは間違いありません。でも、あまりに違和感がある場合には変更を怖がらず、ときには自分や生徒さんのくせも大事にしてあげてもいいのかなと思います。

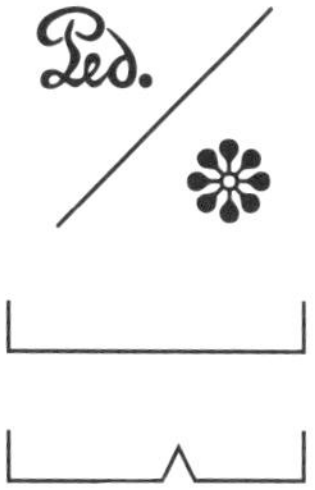

ペダル　㊖pedal　㊫ped.　同㊑pedale（ペダーレ）

Ped. でピアノのダンパー・ペダル（右のペダル、ラウドペダルともいう）を踏み、✽（センツァ）で離す。踏む／離すのタイミングを線で示すこともある。ダンパー・ペダルを踏むと、弦が開放されて響きが豊かになる。ペダルを離すとダンパーが弦に触れて響きを消す。

解説　ペダルの踏み方

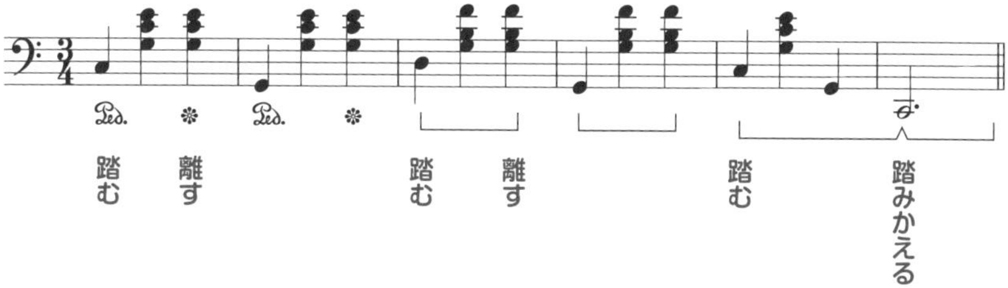

グランドピアノのペダル

右:ダンパー・ペダル
中:ソステヌート・ペダル（→p.133）
左:シフト・ペダル（ウナ・コルダ→p.132）

アップライトピアノのペダル

右:ダンパー・ペダル
中:マフラー・ペダル（→p.133）
左:ソフト・ペダル（→p.132）

una corda

ウナ・コルダ (伊) (略) u.c.

グランドピアノのシフト・ペダル（左のペダル）を踏む。ハンマーが打つ弦の数が減り、音量や音色が変化する。

tre corde

トレ・コルデ (伊) (略) t.c.

(同)(伊) tutte le corde（トゥッテ・レ・コルデ）

グランドピアノのシフト・ペダル（左のペダル）を離す。

解説 **una corda と tre corde の用例**

豆知識

左のペダル

グランドピアノの左のペダル（シフト・ペダル）を踏むと、鍵盤が横に動いて、1音につき3本張ってある弦の2本のみが打たれる。ウナ・コルダはもともと「1本の弦」という意味だが、現在のピアノでは3弦のうち2弦を打つ。トレ・コルデは「3本の弦」の意味で、「トゥッテ・レ・コルデ（全部の弦）」ともいう。
アップライトピアノの左のペダル（ソフト・ペダル）を踏むと、ハンマーの位置が弦に近づく。ハンマーが弦を打つスピードが弱まることで、柔らかい音が得られる。

con Ped.

コン・ペダーレ　(伊) con pedale　(略) con ped.

「ダンパー・ペダルを使って」の意。ペダル記号のPed.（→p.131）はペダルを踏む箇所を指示するが、con Ped.は、踏む箇所は任意で、演奏者に委ねられる。

senza Ped.

センツァ・ペダーレ　(伊) senza pedale　(略) senza ped.

「ダンパー・ペダルを使わずに」の意。

解説　con Ped. と senza Ped. の用例

豆知識

真ん中のペダル

グランドピアノの真ん中のペダルは「ソステヌート・ペダル」と呼ばれ、鍵盤を押したあとに踏むと、鍵盤を押した音だけ鳴り続ける。楽譜にはS.P.と表記されることもある。
アップライトピアノの真ん中のペダルは、機種により機能が違うが、踏むとハンマーと弦の間にフェルトが入り、音量が下がる「マフラー・ペダル」の場合が多い。

作曲家のココロ

ペダル記号を書くのは難しい！

私はピアノのダンパー・ペダルの指示を書くときいつも悩んでしまいます。アップライトピアノとグランドピアノとではまるで違うし、そもそもオンとオフだけではなく、一番下まで踏み込む間には何段階もあり、踏み込む、あるいは離すスピードも一様ではないからです。

ダンパー・ペダルは、音を延ばすためだけに使うわけではありません。ピアノの弦をよく共鳴させたかったり、音が切れてしまうところの助けにつかったり、アクセントを強調させたかったり。たとえ一つの音符でも、ペダルをどう使うかで音色が全く変わります。ピアニストは手のテクニック以上に、足のテクニックも駆使しながら多彩な色彩感を出しているのです。

ウナ・コルダについては、私は子どもの頃、弱音化するためのペダルだと思っていたのですが、音色を変化させるためにあって、踏みながら強奏したっていいんだと教わったときは、目から鱗が落ちました。

話は戻りますが、ダンパー・ペダル記号を書くことの難しさといったら。今はアコースティックピアノと電子ピアノの違いでも悩まされることがあるように、かつての作曲家たちは、ピアノの改良に伴って、画一的に記号化することの歯がゆさに直面していたのかもしれません。

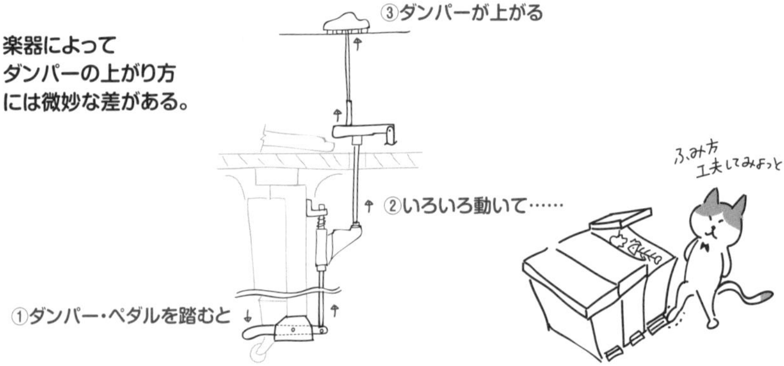

弦楽器の奏法記号

ここでは、ヴァイオリン、ヴィオラ、チェロ、コントラバスなど、弓を使って演奏する弦楽器特有の奏法について紹介する。

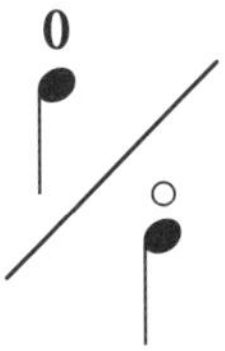

開放弦　㊮ open string　同 ㊯ aperto（アペルト）

弦楽器で、左手の指で弦を押さえずに発音すること、または左手の指が弦を押さえていない状態を「開放弦」という。音符の上に0をつける。開放弦で弾く音は、通常のヴィブラート（→p.126）をかける音とは、音色が異なる。調弦は開放弦の状態で行う。

書き方

音符の上に○をつける書き方もある。

解説　弦楽器の開放弦の音

ヴァイオリン

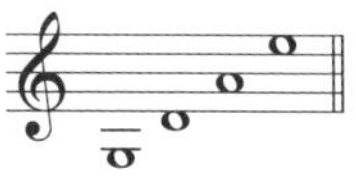

ソ レ ラ ミ

ヴィオラ

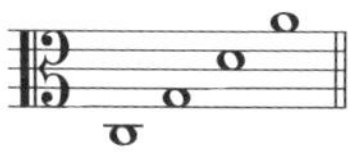

ド ソ レ ラ

チェロ

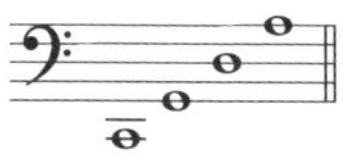

ド ソ レ ラ

コントラバス

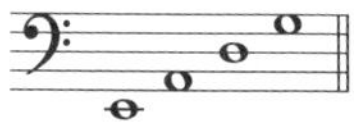

ミ ラ レ ソ

（実音は1オクターヴ下）

豆知識

ヴァイオリンの指番号と弦の名前

1=人差し指、2=中指、3=薬指、4=小指を示し、0は開放弦を示す。

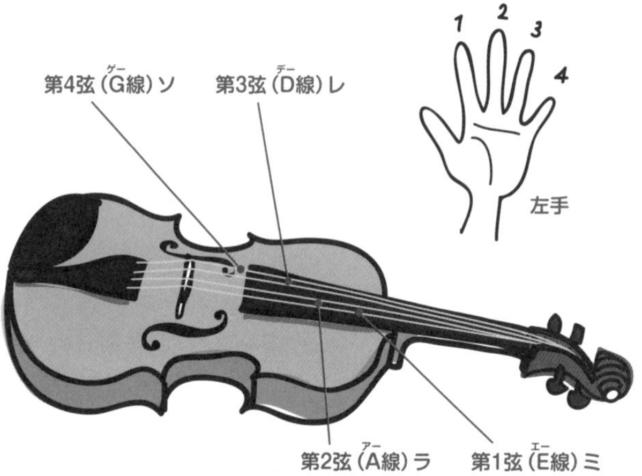

ダウン・ボウ 英 down-bow 同 仏 tiré（ティレ）

弓の手元から先端に向かって動かす奏法を「ダウン・ボウ（下げ弓）」という。

アップ・ボウ 英 up-bow 同 仏 poussé（プセ）

弓の先端から手元に向かって動かす奏法を「アップ・ボウ（上げ弓）」という。

書き方

legato

レガート 伊 略 leg.

ボウイングを変えずに一弓で弾き、音をつなげる。

détaché

デタシェ 仏

弦楽器のボウイングの一種で、「分離して」の意。1音ごとに交互にアップ・ボウとダウン・ボウを行い、弓を返す奏法。

détachéは、ピアノや管楽器の楽譜では、スタッカート（→p.111）の意味で用いられる。

portato

ポルタート 伊 同仏 louré（ルレ）

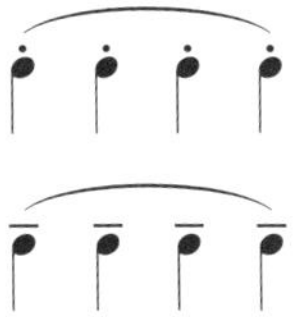

スタッカート（→p.111）とレガート（→p.115）の中間の奏法。弦楽器では、弓を返さずに一つひとつの音を柔らかく軽く切りながら演奏する。

ちひろのつぶやき

ダウン・ボウは息を吐く、アップ・ボウは息を吸うイメージ。音色やニュアンスによって、作曲家が指示することもありますが、たいてい奏者が決めます。音楽高校や音楽大学にはボウイングを聴き分けるソルフェージュもあるんですよ。

豆知識

ボウイング

弦楽器の弓の運び方を「ボウイング」という。オーケストラの演奏会で、弦楽器群に注目してみると、同じ形のフレーズを弾くときは、奏者の弓の動きがそろっているのがわかる。ボウイングを統一することで、演奏に一体感が生まれる。

spiccato　スピッカート　伊　略 spicc.

同 仏 sautillé（ソティエ）
　独 Springbogen（シュプリングボーゲン）

弦楽器のボウイングの一種。弓の中央部を使って、弓を弾ませながら、歯切れよく演奏する。弓の弾力を使うことで、弓が弦の上を跳ねるので、コントロール力が必要。日本語で「跳《は》ね弓」ともいう。

柔らかい音から力強い音まで、多彩な効果がある。

martelé　マルトレ　仏　同 伊 martellato（マルテッラート）

弦楽器のボウイングの一種。ハンマーで打つように、弓に弾力をつけて、弦を打つように強く弾く。短く、鋭く、力強いスタッカートで演奏する。

ricochet　リコシェ　仏　同 仏 jeté（ジュテ）

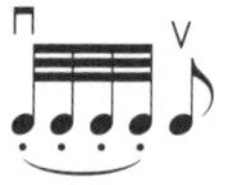

一度のダウン・ボウで複数の音を切りながら一弓で弾く。弓を弦の上に投げるようにして行うので、「投げ弓」ともいう。

pizz.

ピッツィカート
伊 pizzicato　略 pizz.

弓を使わずに指で弦をはじく奏法。通常は右手の指で行うが、左手の指で行う場合は「＋」の記号をつける。

左手の指のピッツィカートのほうが、弦と指板の間が狭い場所をはじくことになるため、固めの音色になる。

arco

アルコ
伊　同 伊 arcato（アルカート）
伊 coll'arco（コッラルコ）　略 c.a.

ピッツィカートを行ったあと、弓を使って演奏する指示。

楽曲の例　サラサーテ：「ツィゴイネルワイゼン」より（ヴァイオリン）

豆知識

バルトーク・ピッツィカート

弦楽器の指板《しばん》（→p.142）の上で、右手の2本の指で弦をつまんで引っ張り、指板に当てて強くはじく奏法。ハンガリーの作曲家バルトークが多用したことから、この名で呼ばれる。

sul◯／auf◯

スル・◯ (伊)／アウフ・◯ (独)

「スル」はイタリア語、「アウフ」はドイツ語で「〜の上で」の意。◯の部分には、ヴァイオリンなどの弦楽器の弦名が入る。例えば「sul G」は、G（ソ）線を使って演奏すること。日本では、Gをドイツ語読みにして「スル・ゲー」、または英語読みにして「スル・ジー」と呼ぶ。

楽曲の例 リムスキー=コルサコフ：交響組曲「シェヘラザード」第3曲「若い王子と若い王女」より（チェロパート）

チェロの開放弦（→p.135）はCGDA（ドソレラ）。sul DはD（レ）線上、sul AはA（ラ）線上で演奏する。

豆知識

G線上のアリア

ゆったりとした美しいメロディで有名な「G線上のアリア」は、J.S.バッハの管弦楽組曲第3番第2曲エールが元曲。ドイツのヴァイオリニスト、A.ヴィルヘルミ（1845〜1908）がヴァイオリン・ソロ用に編曲した際、ニ長調からハ長調に変更し、G線のみで演奏した。他の弦を使っても演奏できるのに、あえてG線のみを使うのは、G線という最も低い弦ならではの特徴的な音色が得られるため。

楽曲の例 J.S.バッハ／A.ヴィルヘルミ編：「G線上のアリア」冒頭（ヴァイオリン）

ヴァイオリンの開放弦（→p.135）はGDAE（ソレラミ）。sul GはG（ソ）線上で演奏する。

作曲家のココロ

sul Gを知った日

受験も近くなっていた高3の夏。ヴァイオリン・ソナタの作曲をしていたとき、先生が私の楽譜の中のあるフレーズに「ここは sul G だね」とチェックを入れました。作曲を学び始めたのが遅かった私は、sul G = G 線で弾くという知識はあったものの、先生がそのフレーズにチェックを入れた理由がよくわかりませんでした。ヴァイオリンは4本の弦、それぞれ音色に個性があり、特に G 線で奏でられる中・高音域は太くて深く、非常に豊かな響きがします。私が書いたフレーズの個性を活かすには、音域が少し高くても G 線で弾くべきだと瞬時に見抜いてくださったことくらい、今ならすぐにわかるのに……。当時、弦ごとの音色の違いなんてまだよくわからなかった私は「なんでわざわざ G 線で弾かせなくちゃいけないんだろう、D 線や A 線のほうが弾きやすいポジションのはずなのに……」と頭を抱えてしまったのでした。楽器のことを机上でしか知らず、音色を想像する耳より知識が先立ってしまったんですね。作曲家は全ての楽器の特性と、音域による音色の違いを全て把握しておかなくちゃいけないんだ、奏法だけでなく音色までもわかっていなきゃだめなんだ……！ そのレッスンのことは今でもはっきりと記憶しています。

奏法の指示を見たとき、演奏者はどうしてもその手段のことで頭がいっぱいになってしまいますが、作曲家は奏法を求めているのではなく、「音色」を求めています。その音色を求める作曲家の心理を想像しながら楽譜を読むと、ただの奏法指示も少し見え方が変わってきませんか？

sul ponticello

スル・ポンティチェッロ

(伊)(略) sul pont.
s.pont.

[同] (仏) au chevalet（オ・シュヴァレ）
(独) am Steg（アム・シュテーク）

「駒の上で」の意。弦楽器で、指板から離れた駒の近くを演奏すること。通常より倍音を多く含む、固く金属的な響きで、独特な効果をもたらす。

楽曲の例 バルトーク：「管弦楽のための協奏曲」第5楽章より（第1ヴァイオリン）

解説 楽器各部の名称

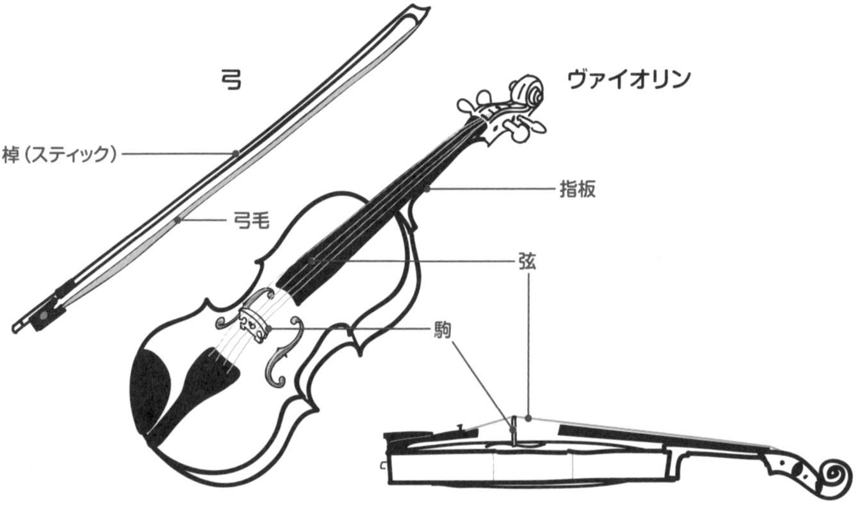

sul tasto

スル・タスト (伊)

[同](伊) sulla tastiera（スッラ・タスティエラ）
(仏) sur la touche（スュル・ラ・トゥシュ）
(独) am Griffbrett（アム・グリフブレット）

弦楽器の「指板の上で」の意。弓が弦を擦る位置を駒から離して、指板の上または指板に近づけて演奏すること。通常より音の響きが弱まる。

楽曲の例 パガニーニ：「24のカプリース」第9曲冒頭（ヴァイオリン）

フルート（(伊) flaut）に似た柔らかい音が出ることから、「フラウタンド（(伊) flautando）」または「フラウタート（(伊) flautato）」ともいう。上の譜例では、「imitando il Flauto フルートのように」と付記されている。

posizione ordinario

ポジツィオーネ・オルディナーリオ

(伊) (略) pos.ord.／P.O.
[同](伊) posizione naturale
（ポジツィオーネ・ナトゥラーレ） (略) pos. nat.

弦楽器で、弓のポジションを元に戻す指示。

col legno

コル・レーニョ ㊑

レーニョは「木」の意。弦楽器で、弓の毛ではなく木の棹の部分で弦をたたいたり、こすったりして演奏する。音量は少ないが、木琴の音のような特殊な効果が出る。

楽曲の例　ホルスト：管弦楽組曲「惑星」第1曲「火星」冒頭（第1ヴァイオリン）

ちひろのつぶやき

高価な楽器に対してcol legnoを書くのは、私は少し気が引けてしまうのですが、最近では、col legno用に素材の異なる弓を持参する演奏家もいます（それでも何だか申し訳なくて……）。

punta d'arco

プンタ・ダルコ ㊑

puntaは「先端」、arcoは「弓」の意味で、弓の先端を使って演奏する指示。軽い音が出る。a punta、alla puntaと書かれることもある。

豆知識

弦楽器の弱音器

ヴァイオリンやヴィオラなど弦楽器の弱音器は、木やゴムでできた小片を駒に取りつけて振動を抑えることにより、音量を下げ、音質を変化させる。材質や形状によって、くすんだような音色、幻想的な響きなど、さまざまな効果が出せる。作曲家は、弱音器をつける（con sord.→p.126）タイミングと、弱音器をはずす（senza sord.→p.126）タイミングを楽譜に指示する。また、音を小さくする機能を高めた練習用の「消音器」もある。

楽曲の例　チャイコフスキー：
弦楽四重奏曲 作品11 第２楽章冒頭（第1ヴァイオリン）

ハーモニクス

㊕harmonics ㊙harm.
同㊕flageolet

弦楽器の弦長の特定の位置に、左手の指を軽く触れて、倍音のみを響かせる特殊奏法。通常より柔らかく透明な音色が得られる。◇形の音符や○（0）がついた音符によってハーモニクス音を示す。

フラジョレット（リコーダーに似た構造の縦笛）の音色に似ていることから、「フラジョレット」とも呼ばれる。

解説

ハーモニクスの種類と書き方

●自然ハーモニクス

開放弦（→p.135）の弦長の特定の位置に、指で軽く触れることで得られる。記譜では、開放弦の音を普通の音符で書き、指で軽く触れる位置を◇で示す。実際に出る音（実音）に○をつける書き方もある。

記譜（どちらも同じハーモニクス音）

実音

●技巧ハーモニクス（人工ハーモニクス）

弦上の特定の位置を指で押さえて弦長を確定し、さらに別の指で弦に軽く触れて倍音を出す。弦を押さえる音を普通の音符で書き、別の指で軽く触れる位置を◇で示す。

記譜

実音

楽曲の例 チャイコフスキー：ヴァイオリン協奏曲 第3楽章より（ヴァイオリン）

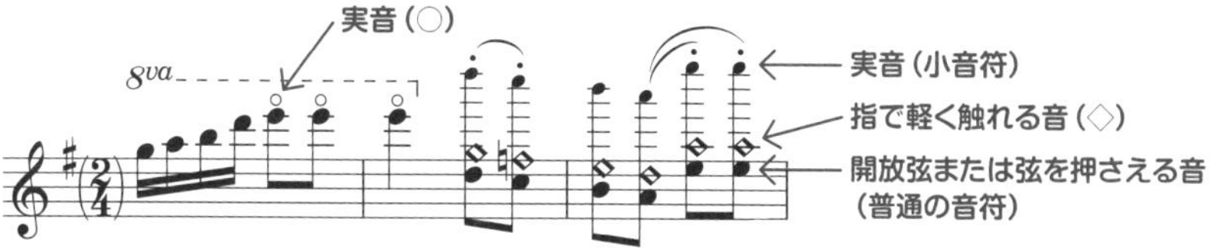

楽曲の例 ラヴェル：「ツィガーヌ」より（ヴァイオリン）

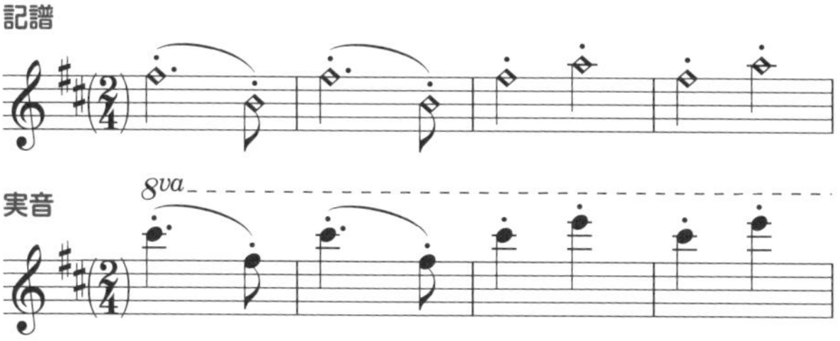

楽曲の例 モンティ：「チャールダーシュ」より（ヴァイオリン）

ちひろのつぶやき

技術的に奏者が慎重に音を出さなければならないということもありますが、あまりに美しい、宝石のような音色なので、速いパッセージではなく、ゆったりと歌うようなメロディにぴったり。プロのヴァイオリニストのハーモニクスは、口笛と間違うほど透明感のある音色になります。

豆知識

ハープの楽譜と奏法

●ハープの楽譜

ハープは音域が広いので、ピアノと同じ大譜表（→p.17）を用いる。楽譜の上段は右手、下段は左手で奏する。下の譜例で、演奏する前に「D♭」と書かれているのは、ペダルを操作して、「D」の弦を半音下げる指示を表す。

楽曲の例　ホルスト：管弦楽組曲「惑星」第2曲「金星」より（ハープⅠ）

●ハープのペダル操作

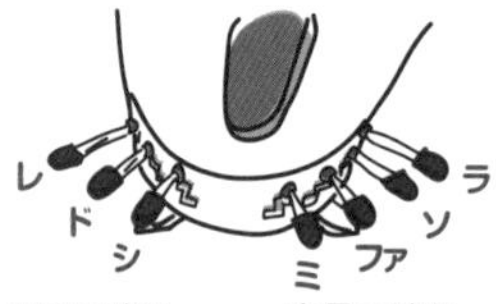

ハープのペダルは7本あり、「ドレミファソラシ」の各音に対応している。各ペダルは3段階になっていて、踏まない状態が♭で、1段踏むと♮、2段踏むと♯となり、全ての調が演奏できる。「ド」のペダルを操作すると、全ての音域の「ド」の音に作用する。

●ハープのハーモニクス奏法

弦長の半分くらいのところを、手のひらなどで押さえて、弦長を短くした状態ではじくと、通常より柔らかい音質で1オクターヴ高い音が出る。用例はp.187も参照。

楽曲の例　ラヴェル：「ボレロ」より

ハープは、全ての「ド」の弦に赤、「ファ」の弦に青の色がついている！

管楽器の奏法記号

ここでは、フルート、トランペット、ホルンなどの管楽器特有の奏法について紹介する。

ゲシュトップフト

㊅ gestopft
同 ㊋ bouché（ブシェ）　㊕ stop

ホルンの開口部（ベル、朝顔とも呼ばれる）に入れた右手を、さらに奥まで差し込み、管を塞いで音を出す特殊奏法を「ゲシュトップフト（ストップ）」といい、音符に「＋」をつけて指示する。音量や音色を変化させることができる。

金属的な響きになる。

アペルト

㊑ aperto
同 ㊅ offen（オッフェン）　㊕ open

ホルンのゲシュトップフト奏法を行ったあと、管を塞がず通常の奏法に戻ることを「アペルト（オープン）」という。ゲシュトップフトの指示（＋）のあと、音符に「○」をつけて示す。

楽曲の例　ムソルグスキー：交響詩「はげ山の一夜」より（F管ホルン）

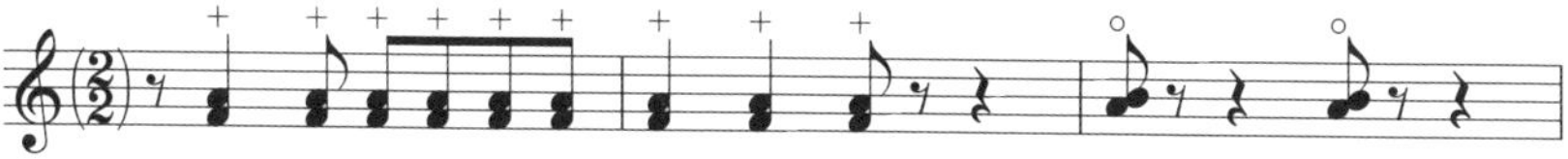

＋　ストップ　　○　オープン

Schalltr. auf

シャルトリヒター・アウフ

(独) Schalltrichter auf　(略) Schalltr. auf
(同)(英) bell up

管楽器の開口部（「ベル」、「朝顔」とも呼ばれる）を高く持ち上げて演奏する。輝かしい音色になる。

楽曲の例　マーラー：交響曲第1番 第2楽章より（F管ホルン）

ゲシュトップフト（→p.149）とシャルトリヒター・アウフを同時にやっている！

flt. flz. FL.

フラッター・タンギング

(英) flutter tonguing　(略) flt.／flz.／FL.
(同)(独) Flatterzunge（フラッターツンゲ）

タンギング（舌を使う管楽器技法）の一種で、舌をふるわせて（巻き舌で）演奏する。トレモロ（→p.124）と同じ記号を用いて表記する。

書き方

brassy

ブラッシー (英)

金管楽器らしい、きらびやかな音で。

breath tone

ブレス・トーン (英)

息だけの音で。

growl

グラウル (英)

喉をうならせながら演奏し、歪んだような音を出す。

muta　ムータ ㊀

「とりかえる」「交替」の意。木管楽器ではフルートからピッコロなどに楽器を持ちかえる、金管楽器ではクルック（替管）をかえることを指す。ハープやティンパニ（→p.156）などの調律をかえる意味も持つ。

楽曲の例 ムソルグスキー／ラヴェル編：「展覧会の絵」～「プロムナード」より（フルート／ピッコロ）

豆知識

金管楽器のミュート

トランペットなどの金管楽器の開口部（ベル）にミュート（弱音器）を挿入し、空気の流れを変えることで音色や音量を変える。カップ型の形状や手の操作により、さまざまな効果が出る。楽譜にミュートをつける指示（con sord.→p.126）、はずす指示（senza sord. →p.126）を書くほか、straight mute（歯切れのいい音色）、cup mute（柔らかい音色）、Wha wha mute（Harmon mute、効果音的な音色）など、ミュートの種類が指定されていることもある。

楽曲の例 ガーシュウィン：「ラプソディ・イン・ブルー」より（B♭管トランペット）

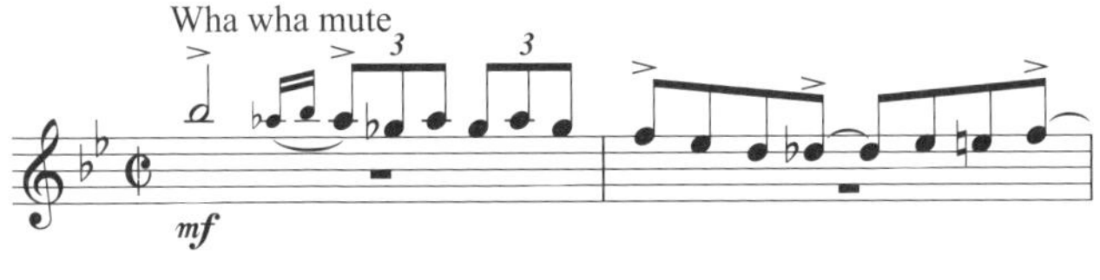

打楽器の奏法記号

ここでは、太鼓やティンパニ、シンバルなど打楽器の奏法について紹介する。

R／L

ライト・ハンド／レフト・ハンド

英 right hand／left hand

Rは右手、Lは左手でたたく指示。

書き方

snares off／snares on

スネア・オフ／スネア・オン 英

スネア・オフは小太鼓のスネアをはずす、スネア・オンはスネアをつける指示。スネアは、太鼓の膜面に接するように張られた響き線で、太鼓をたたくと共鳴して「さわり音」を出す。

書き方

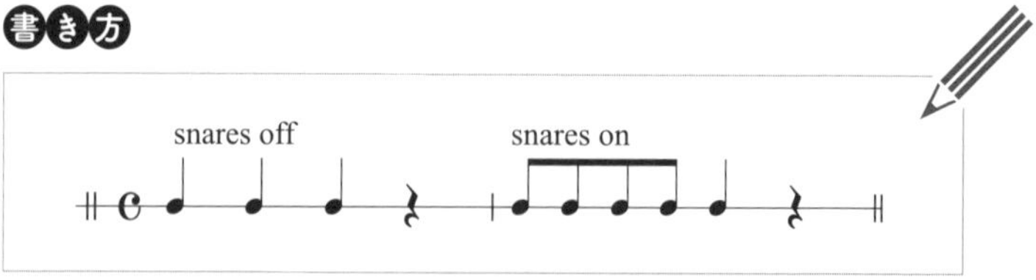

リム・ショット ㊮ rim shot

太鼓の木製の枠（リム）を、皮（ヘッド）と同時にたたく奏法。

書き方

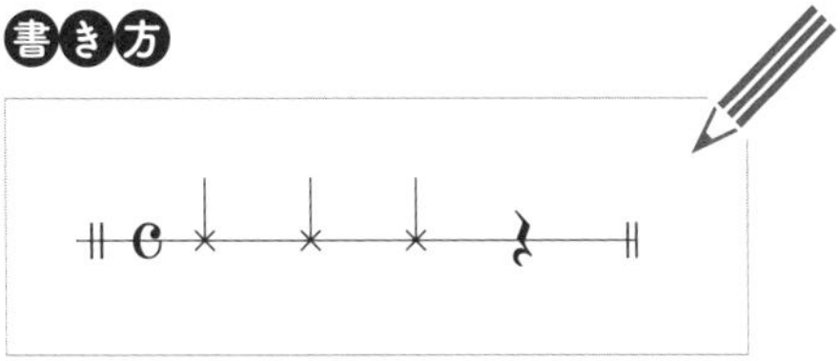

解説 打楽器の楽譜の書き方

シンバルやトライアングルなど、音の高低を持たない打楽器の記譜には一線譜を用いる。

楽曲の例 ベートーヴェン：交響曲第9番「合唱付」第4楽章より

ロール　㊇ roll

同㊆ Wirbel（ヴィアベル）　㊈ tremolo（トレモロ）
㊋ roulement（ルルマン）

太鼓の連打奏法。左右のバチを交互に用いて、急速に連打を行う。通常、トレモロ（→p.124）記号を用いて記譜する（下の譜例参照）。トリル（→p.119）記号で示すこともある。

解説　ティンパニの楽譜の書き方

ティンパニは、特定の音の高さに調律した複数の太鼓のセットで演奏される。音の高低が演奏できるため、一線譜ではなく五線譜で書かれる。伝統的にティンパニの楽譜は調号を用いず、臨時記号を使って書かれたが、現代では調号を使うのが一般的。

楽曲の例　ベートーヴェン：交響曲第9番「合唱付」第4楽章冒頭（フルートとティンパニ）

laissez vibrer

レッセ・ヴィブレ ㉆ ㊫ l.v.

同㊰ let vibrate
㊰ let ring

シンバルやドラなど、残響の多い打楽器をたたいたあとに響きを残すこと。ハープやピアノの楽譜にも用いられる。

secco／sec.

セッコ ㊥ ㊫ sec.

同㊞ dämpfen（デムプフェン） ㉆ étouffé（エトゥフェ）
㊰ choke ㊰ dampen

響きを残さずに止めて、音を短く切ること。ティンパニや大太鼓などの打楽器のほか、ピアノの楽譜にも見られる。セッコは「乾いた」「味気ない」の意味で、発想用語としても用いられる。

coperto

コペルト ㊥

同㊞ bedeckt（ベデクト） ㊰ muffling
㉆ couvert（クヴェール）

ティンパニなどの打楽器の弱音法で、太鼓の膜面に布やフェルトをのせてたたく。コペルトはイタリア語で「おおわれた」の意。

muta

ムータ (伊)

ティンパニやハープなどの調律を変えること。管楽器では、楽器の持ちかえ、替管を指す（→p.151）。

楽曲の例　チャイコフスキー：交響曲第5番 第1楽章より（ティンパニ）

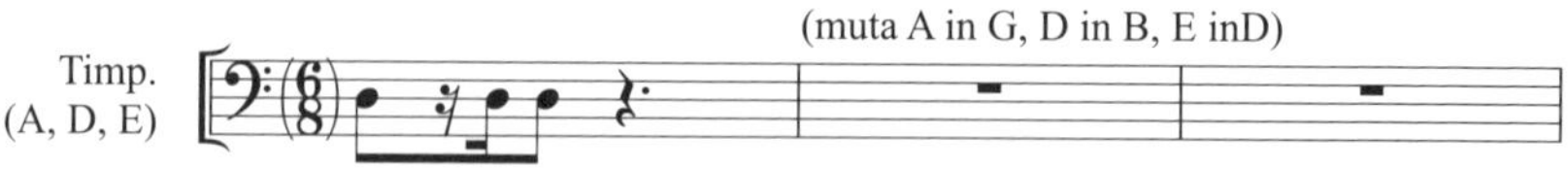

colla mano

コッラ・マーノ (伊)

マーノ（→p.128、129）はイタリア語で「手」の意。バチなどを使わず、手でたたく。

豆知識

「バチ」のあれこれ

●打楽器の「バチ」の各国語名称

バッケッタ	(伊) bacchetta
バゲット	(仏) baguette
シュレーゲル	(独) Schlägel／Schlegel
スティック	(英) stick／beater

●さまざまなバチ用語

柄の先に玉がついたバチ（マレット）	(英) mallet	(仏) maillet
木製のバチ	(伊) bacchetta di legno (独) Holzschlägel	(仏) baguette de bois (英) wooden stick
フェルトのバチ	(伊) bacchetta di feltro	(仏) baguette de feutre
スポンジのバチ	(独) Schwammschlägel	(仏) baguette d'éponge
バチを使って	(伊) colla bacchetta (独) mit Schlägel	(仏) avec baguettes (英) with stick

声楽の奏法記号

ここでは、声楽の奏法記号について紹介する。

V ／ ,

ブレス　(英) breath　(同)(独) Atempause（アーテムパウゼ）

声楽や管楽器の楽譜に書かれる息つぎのマーク。器楽曲のフレーズの切れ目に使われることもある。

B.F.

ブーシュ・フェルメ　(仏) bouche fermée　(略) B.F.

ハミングの一種。唇を閉じて、口腔内で共鳴空間を作り、響かせて歌う。

鼻腔が振動し、頭のてっぺんから声が出るイメージ。

B.O.

ブーシュ・ウヴェルト　(仏) bouche ouverte　(略) B.O.

ハミングの一種。唇を開け、舌の奥を喉の上（軟口蓋）に密着させて歌う。

「アー」と発声しながら舌の奥を喉につけるとわかりやすい。

書き方

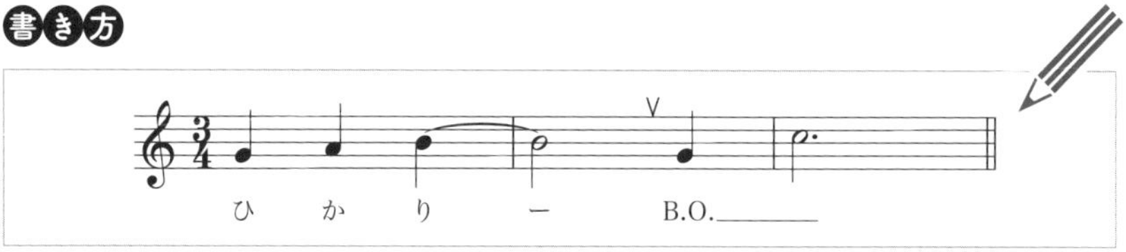

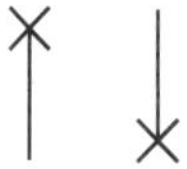

無声音　(英) unvoiced sound

声帯を振動させず、音程のない音で歌う。楽譜では音符のたまのかわりに×を書く。詞の内容や曲想によって、無声音で歌うように指定される。

書き方

mezza voce

メッザ・ヴォーチェ　(伊)　(略) m.v.

音量を抑えて柔らかい声（音）で。器楽曲でも使われる。

豆知識

メッサ・ディ・ヴォーチェって何?

メッサ・ディ・ヴォーチェ（(伊) messa di voce）とは、「声を置く」の意味で、ある音を長く歌いながらクレッシェンド（だんだん強く）し、そのままデクレッシェンド（だんだん弱く）する唱法のこと。

メッザ・ヴォーチェと似てるけど
全然違う！

豆知識

ヴォカリーズ

「アー」などの母音で歌う唱法を、「ヴォカリーズ（(仏) (英) vocalise）」という。ロシアの作曲家ラフマニノフの歌曲「ヴォカリーズ」が有名で、作曲家自身による管弦楽版やいろいろな楽器のための編曲版でも広く演奏されている。

sotto voce

ソット・ヴォーチェ (伊) (略)s.v.

小さな声で、声（音）をひそめて。sottoは「下に」「より少なく」の意味。器楽曲でも使われる。

楽曲の例 P.チマーラ：歌曲集「5つの叙情詩」第2集 第2曲「夏の夜」より（ソプラノとピアノ伴奏）

歌にもピアノにもsotto voceがある！

colla voce

コッラ・ヴォーチェ (伊)

(同)(伊) col canto（コル・カント／歌に従って）
(伊) colla parte（コッラ・パルテ／主パートに従って） (略)c.p.

声に従って。伴奏者は、歌手の歌うリズムやテンポに従って演奏する。器楽合奏の主パートと伴奏パートに対しても使われる。

楽曲の例 ビゼー：オペラ「カルメン」アリア「闘牛士の歌」より（バリトンとピアノ伴奏）

作曲家の
ココロ

音楽の呼吸

大学時代、私は先生に「息が短いよ、君」「もっと深く呼吸しなさい」とよく叱られていました。「息」「呼吸」と言っても、声に出して歌っているわけではありません。先生は、私が書いた楽譜を机の上で黙読しながら、私がどんな呼吸でメロディを書いたのかを、すぐに見抜いていました。欲張っていろいろな要素をつめこみすぎて、フレーズがこまぎれになってしまったり、せっかくたどり着いた新しい場面を充実させる前に次の場面を書き始めてしまったり。作曲も演奏も、息の長いフレージングを作るのはとても難しいことですが、美しい音楽のためには不可欠です。

音楽は、メロディ、リズム、ハーモニー、全てが呼吸をしている気がします。演奏をする際は、それぞれがどんな呼吸をしたがっているのか問いかけながらフレージングしていきます。音楽が欲している息づかいを、自分の肉体と音を通して、代わりにしてあげるような、そんな感覚です。

発想用語 (英) expression term

ここでは、さまざまな音楽表現を表す用語を、イタリア語を中心に、ドイツ語とフランス語も含めてアルファベット順に紹介する。[　　] 内は略語を示す。

A	affettuoso [affet.]	(伊)アッフェットゥオーゾ	愛情を込めて
	agiato	(伊)アジャート	のんびりと、気楽に
	agitato [agit.]	(伊)アジタート	激しく、興奮して
	agité	(仏)アジテ	激しく、興奮して
	amabile	(伊)アマービレ	かわいらしく
	amoroso	(伊)アモローゾ	愛情に満ちて
	animato[anim.]	(伊)アニマート	生き生きと、活気づいて
	animé	(仏)アニメ	生き生きと、活気づいて
	appassionato	(伊)アッパッシオナート	熱情的に、熱烈に
	armonioso	(伊)アルモニオーゾ	よく調和して、響きのよい
B	brillante [brill.]	(伊)ブリランテ	輝かしく、華やかに
	bruscamente	(伊)ブルスカメンテ	荒々しく、唐突に
	brusquement	(仏)ブリュスクマン	荒々しく、唐突に
C	calmando [calm.]	(伊)カルマンド	静かに、おだやかに
	calmato	(伊)カルマート	静かに、おだやかに
	calme	(仏)カルム	静かに、おだやかに
	cantabile [cant.]	(伊)カンタービレ	歌うように
	capriccioso	(伊)カプリッチョーゾ	気まぐれに
	capricieux	(仏)カプリスィユー	気まぐれに
	cédez	(仏)セデ	ゆるんで(たわんで)、遅く
	chanté	(仏)シャンテ	歌うように
	clair	(仏)クレール	明瞭に、透明に
	comodo	(伊)コーモド	気楽に

D	décidé	仏 デスィデ	決然と
	deciso	伊 デチーゾ	決然と
	delicatamente	伊 デリカータメンテ	繊細に
	délicatement	仏 デリカットマン	繊細に
	delicato	伊 デリカート	繊細に
	disperato	伊 ディスペラート	絶望して
	dolce 〔dol.〕	伊 ドルチェ	甘く、柔らかく
	dolente	伊 ドレンテ	悲しげに
	doloroso	伊 ドロローゾ	悲痛に
	doux	仏 ドゥ	甘く、柔らかく
E	éclatant	仏 エクラタン	華やかに、輝くように
	einfach	独 アインファハ	素朴に、飾らないで
	élégant	仏 エレガン	優雅に、上品に
	elegante	伊 エレガンテ	優雅に、上品に
	elegiaco	伊 エレジャーコ	悲しそうに、エレジー風に
	en dehors	仏 アン・ドゥオール	際立たせて、はっきりと
	energico	伊 エネルジコ	力強く、精力的な
	espressivo 〔espr.／espress.〕	伊 エスプレッシーヴォ	表情豊かに
	estompé	仏 エストンペ	音を和らげて、ぼかして
	expressif	仏 エクスプレスィフ	表情豊かに
F	feroce	伊 フェローチェ	粗野に、荒々しく
	flebile	伊 フレービレ	物哀しく
	fresco	伊 フレスコ	生き生きと、新鮮に
	frisch	独 フリッシュ	生き生きと、新鮮に
	fröhlich	独 フレーリヒ	楽しげに
	furioso	伊 フリオーゾ	狂おしく、熱狂的に
G	gentil	仏 ジャンティ	穏やかに、やさしく
	gentile	伊 ジェンティーレ	穏やかに、やさしく
	giocoso	伊 ジョコーゾ	陽気に
	giusto	伊 ジュスト	正確な、適切な
	grandioso	伊 グランディオーゾ	堂々と、威厳のある
	grave	伊 グラーヴェ	重々しく
	grazioso	伊 グラツィオーゾ	優雅に

H	(mit) Humor	(独)(ミット・)フモール	滑稽に
I	innig	(独)インニヒ	心からの、やさしい
J	joyeux	(仏)ジョワイユー	楽しく、喜びに満ちて
K	kräftig	(独)クレフティヒ	力強く
L	lacrimoso	(伊)ラクリモーゾ	涙ぐんで
	lamentabile	(伊)ラメンタービレ	嘆くように、哀れに
	lamentoso	(伊)ラメントーゾ	嘆くように、哀れに
	las	(仏)ラ	けだるく
	léger	(仏)レジェ	軽く
	leggero／leggiero〔legg.〕	(伊)レッジェーロ	軽く
	leicht	(独)ライヒト	軽く、気楽に
	lointain	(仏)ロワンタン	遠くで、こだまのように
	lontano	(伊)ロンターノ	遠くで、こだまのように
	lusingando	(伊)ルージンガンド	媚びるように
	lustig	(独)ルスティヒ	陽気に、快活に
M	maestoso	(伊)マエストーゾ	厳かに、堂々と
	malinconico	(伊)マリンコーニコ	ゆううつに、陰気に
	mesto	(伊)メスト	悲し気に、さびしげに
	misterioso	(伊)ミステリオーゾ	神秘的に
	munter	(独)ムンター	生き生きと
	murmure	(仏)ミュルミュール	ささやき、つぶやき
	mystérieux	(仏)ミステリユー	神秘的に
P	parlando	(伊)パルランド	語るように
	parlante	(伊)パルランテ	語るように
	passionato	(伊)パッシオナート	情熱的に
	passioné	(仏)パスィオネ	情熱的に
	pastorale	(伊)パストラーレ	牧歌風に、田舎風に
	pesant	(仏)プザン	重々しく
	pesante	(伊)ペザンテ	重々しく
	piacevole	(伊)ピアチェーヴォレ	愉快に

発想用語

	pietoso	(伊)ピエトーゾ	敬虔に、憐れみ深く
	placido	(伊)プラーチド	穏やかに
	pomposo	(伊)ポンポーゾ	華麗に、盛大な
R	religieux	(仏)ルリジュー	敬虔に
	religiös	(独)レリギエース	敬虔に
	religioso	(伊)レリジョーゾ	敬虔に
	risoluto	(伊)リゾルート	決然と
	ritmico	(伊)リトミコ	リズミカルに
	ruhig	(独)ルーイヒ	静かに
S	scherzando〔scherz.〕	(伊)スケルツァンド	たわむれるように、おどけて
	scherzhaft	(独)シェルツハフト	たわむれるように、おどけて
	secco〔sec.〕	(伊)セッコ	乾いた、飾り気のない
	semplice	(伊)センプリチェ	単純に、素朴に
	sentito	(伊)センティート	感情をこめて
	serioso	(伊)セリオーゾ	厳粛に、まじめに
	simplement	(仏)サンプルマン	単純に、素朴に
	soave	(伊)ソアーヴェ	愛らしく、柔らかく
	spiritoso	(伊)スピリトーゾ	元気に、生き生きと
	straff	(独)シュトラフ	張りつめて、緊張して
T	tempestoso	(伊)テンペストーゾ	嵐のように
	teneramente	(伊)テーネラメンテ	やさしく
	tenerezza	(伊)テネレッツァ	やさしく
	tranquillo	(伊)トランクイッロ	静かに
	triste	(伊)トリステ	悲しげに
V	veloce	(伊)ヴェローチェ	急いで、急速に
	vif	(仏)ヴィフ	生き生きと
	vigoroso	(伊)ヴィゴローゾ	力強く、活気に満ちて
	vivo	(伊)ヴィーヴォ	生き生きと
	volante	(伊)ヴォランテ	飛ぶように、軽快に
Z	zart	(独)ツァールト	繊細に、柔らかく

作曲家のココロ

発想用語は何語がよいか

発想用語のほとんどがイタリア語なのは、1600 年頃のイタリアの作曲家たちが、曲のイメージを伝えるために、楽譜に言葉を書き始めたことがきっかけでした。19 世紀以降になると、母国語で指示を出す作曲家も次第に増えはじめます。私自身も、子ども向けの作品を書く場合には、日本語で発想用語を示すことも少なくありません。それは、子どもたちにとってわかりやすく、音楽解釈のヒントになるからです。かといってあまり語りすぎると、今度は音楽からのインスピレーションを制限してしまうことにもなる気がして、加減がとっても難しい。解釈の幅を与え、あいまいな状態でバトンを渡したほうが、人によって表現に差が生まれ、おもしろいのかなとも思ったりして。

今は演奏してくださるのは日本の方ばかりではないですから、自分が言いたいことを伝えるというより、相手にとってわかりやすく、演奏者の解釈の余地を持つことを優先にし、やはりイタリア語や英語が多いのが現状です。一方、日本国内でもフランス語やドイツ語を主にしている友人たちもいます。もしあなたがこれからの時代を生きる作曲家だとして、あなたならどうしますか？

付加語・接頭語・接尾語 (英) additional term

実際の楽譜では、基本的な速度用語や強弱記号、奏法指示などに対して、さらにさまざまな言葉が付け加えられている。

---

molto

モルト (伊) [同](独)sehr(ゼーア) (仏)très(トレ) (仏)beaucoup(ボクー)

非常に、多くの、きわめて。

例			
	allegro molto	アレグロ・モルト	きわめて快速に
	molto agitato	モルト・アジタート	非常にせきこんで

---

assai

アッサイ (伊) [同](独)ziemlich(ツィームリヒ) (仏)assez(アッセ)

非常に、十分に、かなり。

例			
	allegro assai	アレグロ・アッサイ	非常に速く
	adagio assai	アダージョ・アッサイ	かなりゆるやかに

---

più

ピウ (伊) [同](仏)plus(プリュ)

もっと、今までより多く、さらに(プラス)。

例			
	più allegro	ピウ・アレグロ	アレグロより速く
	più mosso	ピウ・モッソ	今までより速く (→p.94)
	più ***f***	ピウ・フォルテ	さらに強く

---

meno

メーノ (伊) [同](仏)moins(モワン)

今までより少なく(マイナス)。

例			
	meno allegro	メーノ・アレグロ	アレグロより遅く
	meno mosso	メーノ・モッソ	今までより遅く (→p.94)
	meno ***p***	メーノ・ピアノ	今までより強く (弱くなく)

non　ノン (伊)

～でなく（否定形）。

例	non legato	ノン・レガート	レガートでなく
	non assai	ノン・アッサイ	それほど～でなく

non tanto　ノン・タント (伊)

あまり極端に～でなく。意味を弱めるための語。ma（→p.173）とともに用いられることが多い。

tantoは「多い」の意。

例	presto non tanto	プレスト・ノン・タント	あまり速すぎないプレストで
	adagio ma non tanto	アダージョ・マ・ノン・タント	アダージョで、しかしあまり遅すぎずに

non troppo　ノン・トロッポ (伊)

あまりはなはだしくなく、ほどよく。意味を弱めるための語。ma（→p.173）とともに用いられることが多い。

troppoは「とても」の意。

例　allegro ma non troppo　アレグロ・マ・ノン・トロッポ
アレグロで、しかしあまり速すぎないように

楽曲の例　ブラームス：交響曲第1番 第4楽章より（第1ヴァイオリン）

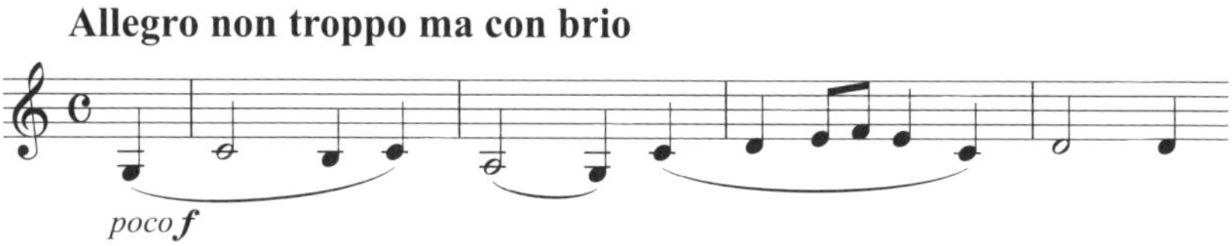

アレグロだけど、あまり速すぎないように、でも元気よく！

quasi　クアージ (伊)

ほぼ〜のように、おおよそ。

例　quasi allegro　クアージ・アレグロ　アレグロのように快速に
quasi stacc.　クアージ・スタッカート　おおよそスタッカートで
quasi rit.　クアージ・リタルダンド　リタルダンドのように
andantino quasi allegretto
アンダンティーノ・クアージ・アレグレット
ほぼアレグレットのようなアンダンティーノで

楽曲の例　ビゼー：組曲「アルルの女」第2番 第3曲メヌエットより（フルート）

come　コーメ (伊)

〜のように。

例　come prima　コーメ・プリマ　始めのように

alla

アッラ (伊)

～風に。

例			
	alla marcia	アッラ・マルチャ	行進曲風に
	alla polacca	アッラ・ポラッカ	ポーランド風に
	alla zingarese	アッラ・ツィンガレーゼ	ロマ（ジプシー）風に
	alla siciliana	アッラ・シチリアーナ	シチリア風に
	alla tedesca	アッラ・テデスカ	ドイツ風に
	alla turca	アッラ・トゥルカ	トルコ風に

poco

ポーコ (伊)　(同)(独)wenig（ヴェーニヒ）　(仏)peu（プ）

少し、わずかに。あまり～でなく。

例			
	a poco	ア・ポーコ	少しずつ
	un poco	ウン・ポーコ	少し、やや
	poco a poco	ポーコ・ア・ポーコ	少しずつ、だんだん
	poco moto	ポーコ・モート	少し動きをつけて あまり動きをつけずに

motoは「動き」「進行」の意。

楽曲の例　ベートーヴェン：「エリーゼのために」冒頭（ピアノ）

con

コン 伊 同 独mit（ミット） 仏avec（アヴェック）

～をもって、～とともに。

例

con anima	コン・アニマ	活気をもって
con brio	コン・ブリオ	生き生きと、 快活さをもって
con bravura	コン・ブラヴーラ	巧みに、華麗に
con espressione	コン・エスプレッシオーネ	表現豊かに
con forza	コン・フォルツァ	力強く
con fuoco	コン・フオーコ	火のように、熱烈に
con moto	コン・モート	動きをもって

bravuraは「技」「熟練」の意。fuocoは「火」の意。

参考 con pedale (→p.133)　con replica (→p.79)
con sordino (→p.126)

senza

センツァ 伊 同 独ohne（オーネ） 仏sans（サン）

～なしで。

例

senza battuta	センツァ・バットゥータ	自由な拍子で
senza passione	センツァ・パッシオーネ	情熱的でなく

battutaは「拍」「小節」などの意。

参考 senza pedale (→p.133)　senza replica (→p.79)
senza sordino (→p.126)　senza tempo (→p.97)

豆知識

con brioといえば、ベートーヴェン

ベートーヴェンの交響曲全9曲の速度記号を調べてみたら、con brioは6回も使われていた。第1、2、3、5、7番はAllegro con brioで、第8番はAllegro vivace e con brio。ちなみに意味を強めるmoltoは9回、assaiは4回使われているが、意味を弱めるma non troppoも5回使われている。

poi

ポイ ㊑

あとで、それから。

例　poi la coda　ポイ・ラ・コーダ　その後にコーダ（終結部）へ進む

ossia

オッシア ㊑

あるいは、または。

解説 簡単バージョンを示すオッシア

楽譜のある部分に対する代替譜を「オッシア」という。楽譜の難度の高い部分に対して、より平易な奏法例を示すことが多く、どちらを採用するかは演奏者に任される。オッシアは通常の楽譜より幅の狭い五線で書かれる。右下のピアノ曲の例では、右手の代替譜が元の楽譜の上側に書かれ、点線の縦線でつながれている。校訂楽譜では、校訂の過程で参照した版との相違を示すのに用いられることもある。

楽曲の例 モシュコフスキ：
「16の技術練習曲」
作品97 第1番より（ピアノ）

楽曲の例 リスト：
「2つの演奏会用練習曲」第1番
「森のささやき」より（ピアノ）

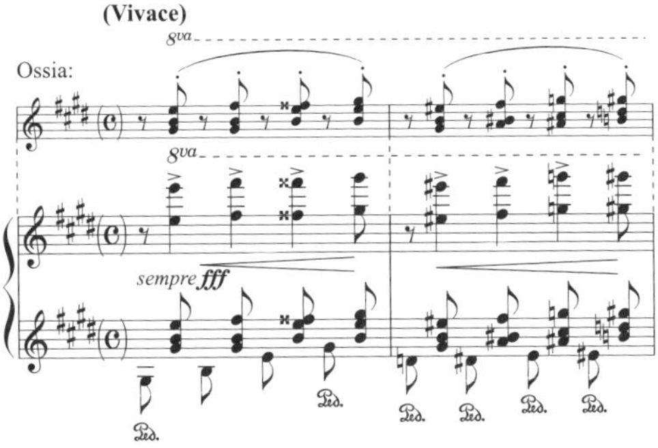

ben

ベン (伊) [同](伊)bene（ベーネ） (仏)bien（ビヤン）

十分に、よく、正しく。

例			
	ben cantabile	ベン·カンタービレ	十分に歌って
	ben marcato	ベン·マルカート	十分に強調して
	ben tenuto	ベン·テヌート	音の長さを十分に保って

sempre

センプレ (伊) [同](独)immer（インマー） (仏)toujours（トゥジュール）

常に、引き続いて。

例			
	sempre legato	センプレ·レガート	常になめらかに
	sempre ***f***	センプレ·フォルテ	常に強く

subito

スービト (伊) (略)sub.

すぐに。

例			
	subito ***p***	スービト·ピアノ	すぐに弱く
	attacca subito	アタッカ·スービト	すぐに次の部分（楽章など）へ（attacca→p.116）
	volti subito	ヴォルティ·スービト	演奏中に「すぐ楽譜のページをめくれ」の指示

a

ア (伊)

～に、～で、～へ、～のように、～まで。

例			
	a cappella	ア·カッペッラ	伴奏のない合唱曲（cappellaは「礼拝堂」を指す）
	a capriccio	ア·カプリッチョ	自由に、気まぐれに（capriccioは奇想曲）

参考 a piacere（→p.97） a tempo（→p.95）

e／ed

エ／エド （伊） 同 （仏）et（エ）

そして、～と、～とともに。
「e」のあとに続く単語が母音で始まる場合、「ed」となり、後続語の発音が変化する。

例 dolce e molto sostenuto ドルチェ・エ・モルト・ソステヌート
やさしく、そして十分に音を保って

crescendo ed accelerando クレッシェンド・エダッチェレランド
だんだん強く、そしてだんだん速く

参考 dim. e rit.（→p.105）

楽曲の例 ドヴォルザーク：チェロ協奏曲 第1楽章より（チェロ・ソロパート）

in

イン （伊）

～のように、～で、～に、～へ。

例 in battuta イン・バットゥータ 正確な拍子で

参考 in tempo（→p.95）

di

ディ （伊）

～の、～から、～に、～で。

例 di grado ディ・グラード だんだんに
di molto ディ・モルト 非常に

参考 tempo di ～（→p.91）

ma

マ （伊） 同 （独）aber（アーバー） （仏）mais（メ）

しかし。

例 ***p*** ma marcato ピアノ・マ・マルカート 弱く、しかしはっきりと

参考 non tanto（→p.167） non troppo（→p.167）

-issimo

～イッシモ ㊑

きわめて、非常に。

例 delicatissimo　デリカティッシモ　きわめて繊細に
(delicato+issimo)
dolcissimo　ドルチッシモ　とても甘く
(dolce+issimo)
legatissimo　レガティッシモ　きわめてなめらかに
(legato+issimo)
pochissimo　ポキッシモ　きわめて少し
(poco+issimo)

参考 Prestissimo（→p.90）　staccatissimo（→p.111）
pianissimo（→p.100）

楽曲の例　ショパン：プレリュード 作品28-23 冒頭（ピアノ）

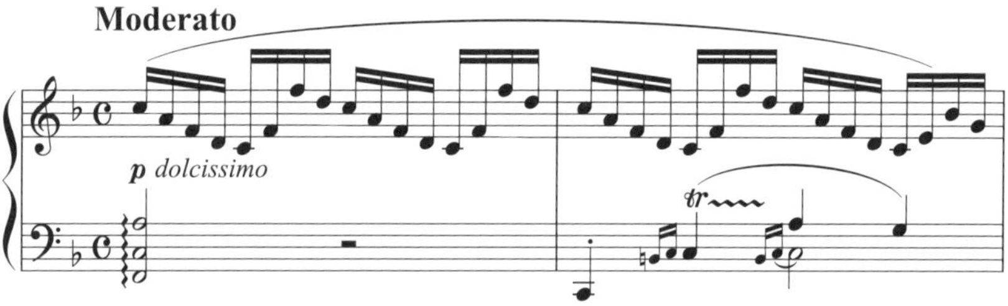

-etto

～エット ㊑

～よりやや～。

例 Allegretto　アレグレット　アレグロよりやや遅く
(Allegro+etto)
Larghetto　ラルゲット　ラルゴよりやや速く
(Largo+etto)

-ino

～イーノ ㊑

～よりやや～。

例 Andantino　アンダンティーノ　アンダンテよりやや速く
(Andante+ino)

スコアとパート譜 (英) score&part

オーケストラや室内楽などの作品で、全パートの譜表をまとめた楽譜を「スコア」（総《そう》譜《ふ》）という。個々の奏者用に、スコアから各パートを抜き出した楽譜を「パート譜」という。

---

solo

ソロ (伊) (複) soli（ソーリ）
[同](独) Solo（ゾロ） (仏) solo（ソロ）／seul（スル） (英) solo

「単独で」「一人で」の意で、独唱や独奏を指す。オーケストラ曲のスコアでは、あるパートを際立たせるときに指示する。協奏曲では独奏の部分を指す。複数形のソーリは、独唱者や独奏者が複数いるときに用いる。

---

tutti

トゥッティ (伊)

「全員で演奏する」の意。日本語では「総《そう》奏《そう》」ともいう。

---

cadenza

カデンツァ (伊) (英) cadence (略) cad.

協奏曲などで、終曲に向けて独奏者が技巧を駆使して盛り上げる部分。無伴奏で即興的に演奏されることが多い。

a2／zu 2

ア・ドゥエ

伊 a due
同 仏 à deux（ア・ドゥ） 独 zu zwei（ツー・ツヴァイ）

「2人で」の意。2つの楽器、または同じパートの2人の奏者が同じ音を演奏すること。

「3人で」はa3（ア・トレ 伊 a tre）、「4人で」はa4（ア・クワトロ 伊 a quattro）。

div.

ディヴィジ

伊 divisi 略 div.

「分かれて」の意。スコアで、複数のパートが同じ音を演奏していたのちに、分かれて演奏するときに書く。divisiのあとで、再び同じ音を演奏するときは、unis.（ユニゾン→p.177）またはuniti（伊 ウニーティ）と書く。

non div.

ノン・ディヴィジ

伊 non divisi 略 non div.

div.の否定形で「分けないで」の意。1つの譜表に書かれた和音を、複数のパートに分けずに一度に演奏する。弦楽器など一度に複数の音が出せる楽器の場合に書かれる。

解説 **div.とnon div. の記譜と演奏**（ヴァイオリン・アンサンブルの例）

ちひろのつぶやき

弦楽器にとっての重音は、ピアノとは全く異なる特有の迫力・効果があります。div.したほうが弾きやすいとしても、重音ならではの響きを求めてあえてnon div.にすることはよくあります。

unis.　ユニゾン

英 unison　略 unis.　同 伊 unisono（ウニーゾノ）

「一つの音」「同じ高さ」の意。複数の声部が同じ音（オクターヴ上または下を含む）を演奏すること。スコアでは、ディヴィジ（分けて、→p.176）から元に戻って、再び同じ音を演奏する指示。

G.P.　ゲネラルパウゼ

独 Generalpause　略 G.P.

オーケストラ曲のスコアで、全てのパートが同時に休むこと。休符にフェルマータ記号（ 𝄐 →p.114）を書いて示すこともある（ →p.187）。

豆知識

プルト

プルト（Pult）はドイツ語で譜面台のこと。オーケストラの楽器配置では、横に並んだ弦楽器奏者が2人で1台の譜面台を共有することから、奏者2名を「1プルト」と数え、指揮者に近い席から「1プルト、2プルト…」と呼ぶ。英語で「デスク（desk）」または「スタンド（stand）」ともいう。

楽曲の例　ホルスト：管弦楽組曲「惑星」第2曲「金星」より

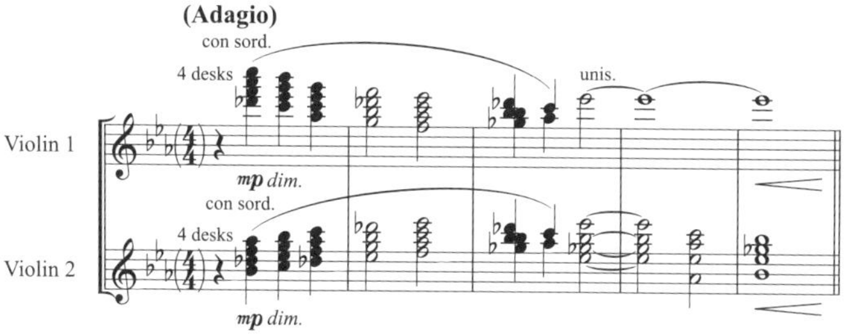

第1ヴァイオリンの1～4デスク（8名）、第2ヴァイオリンの1～4デスク（8名）は和音の各音を弾く。第1ヴァイオリンはunis.から全員で1つの音を弾く。

大休符 だいきゅうふ

2小節以上にわたる休符。休む小節数を数字で表す。アンサンブルのパート譜に用いられ、「長休符」ともいう。

長い沈黙が終わったあとの最初の音は、喜びの瞬間！

tacet

タチェット (ラ) 同(伊) tace（ターチェ） (仏) tacet（タセット）

「沈黙」の意で、声や音を出さない指示。オーケストラ曲や室内楽のパート譜で、あるパートがしばらく休む場合に書かれる。1つの楽章の最初から最後まで休みの場合などにも書かれる。

楽曲の例 ベートーヴェン：交響曲第9番「合唱付」第1楽章冒頭

バス・トロンボーンのパート譜

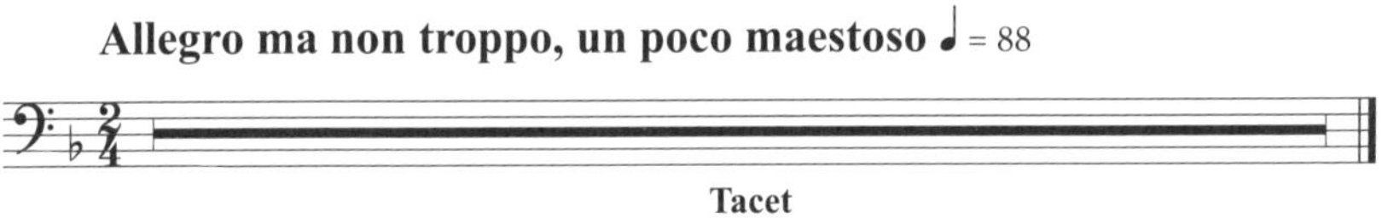

リハーサル番号／小節番号

交響曲や室内楽などの楽譜で、小節線（縦線）の上に書かれた1、Ⅱ、Aなどを「リハーサル番号（練習番号）」という。1つの作品の総譜とパート譜の全てに同じ通し番号が振られており、他のパートの奏者と合わせて練習する際、この番号によって演奏する箇所を確認できる。アルファベットの場合、AからZのあとはAAまたはAaの形で続ける。なおIとJが混同しやすいため、Jを欠番としている楽譜もある。楽譜各段の左端、または10小節ごとに小節線の上下に小節番号が振られることもある。

解説 移調楽器とは？

実際に出る音（実音）とは異なる高さに移調（→p.73）された楽譜により、演奏する楽器を「移調楽器」という。管楽器の基準音は管の長さによって決まるため、クラリネット、ホルン、トランペット、トロンボーン、サクソフォーンなどには、いろいろな高さの楽器（たとえば「シ♭」を基準とするB♭管、「ラ」を基準とするA管など）が存在するが、移調譜を使えば、実音を考慮せずにどれも同じ指使いで演奏できる。例えば、B♭管の楽器は、「ド」の指使いで吹くと「シ♭」の音が出る。

一般的な移調楽器の種類

全員が「ドレミファソ」の実音を吹くときの記譜

（スコアでの書き方→p.183）

作曲家のココロ

なぜスコアを見る必要があるの？

オーケストラや吹奏楽のリハーサル現場で、休憩中に指揮者のところへ行ってスコアをチェックする奏者がいます。彼らはいったい何のためにスコアを見ているのでしょう？

指揮者は、皆が集まれる貴重な練習時間では、テンポの確認や表現の追求など、いわゆる「音楽作り」に時間を費やしたいもの。限られた時間の中で、全てのパートに音量の指示を出したり、一人ひとりの小さな疑問に答えるほどの余裕はありません。ですから、奏者たちはできる限り各自で疑問を解決させる必要があります。

まず、奏者は自分のパートが、音楽の中で主役なのか、脇役なのか……自分の役割を把握しておく必要があります。***f*** と書いてあるからといって、全パートが ***f*** で奏でるとも限りません。主役が ***f*** なら、脇役は ***mp*** や ***mf*** におさえたほうがいいこともあります。また、オーケストラで大勢の中にいると遠くの楽器はよく聞こえませんから、スコアを見てはじめて気がつくことも多々あります。耳で把握しきれていないことを、自分の目できちんと確認する必要があるのです。

「惑星」のスコアを見てみよう

Holst "The Planets"

組曲「惑星」は、イギリスの作曲家G.ホルスト（1874〜1934）の管弦楽曲。西洋占星術に着想を得て書かれ、「火星」から「海王星」までの7曲で構成される。曲ごとに変化に富む曲想、工夫を凝らした響きの謎はスコアにあり！
見どころ満載のスコアを見てみよう！

第1曲

火星 戦争をもたらすもの

最初には何が書かれている？

冒頭

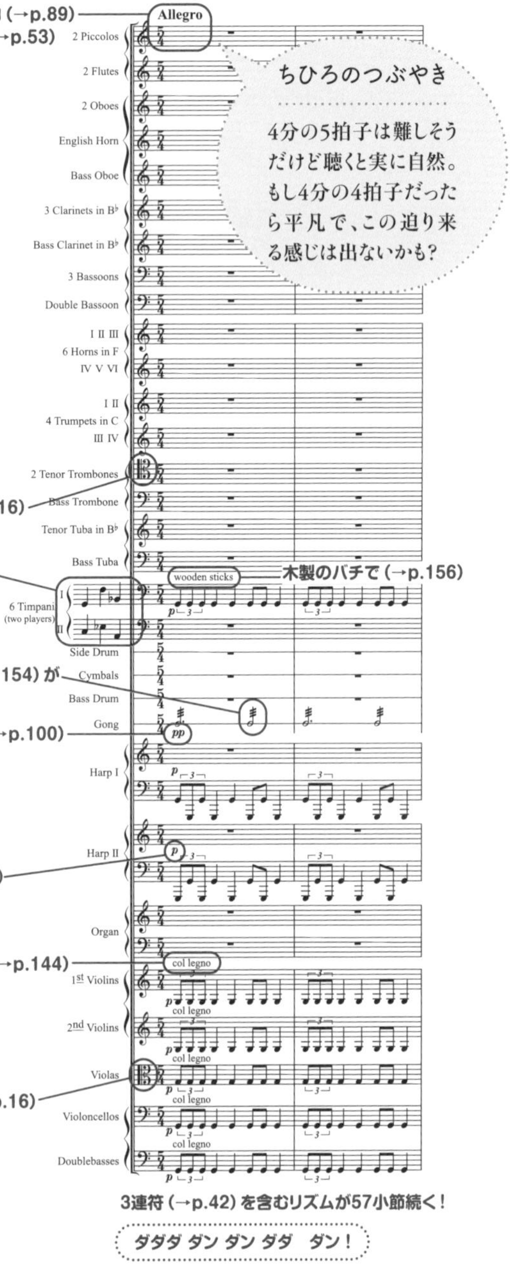

移調楽器を見てみよう

第110小節

いろいろな記譜音が並んでいても、実際に鳴るのはすべて「ソ」！

音域は6オクターヴ！
全員で *fff* のトゥッティ
（→p.175）

移調楽器については→p.179

一曲の中でこんなにテンポが変わるなんて、作曲家の強い意志を感じる！

第2曲 金星 平和をもたらすもの

テンポの変化を見てみよう それぞれの速度用語の意味は「速度記号」の章を参照。

冒頭 Adagio　F管ホルンⅠ

第32小節 Andante　ソロ・ヴァイオリン

第68小節 Largo　オーボエⅠ

第85小節 Adagio　B♭管クラリネットⅠ

第99小節 Andante
ヴァイオリンⅠ

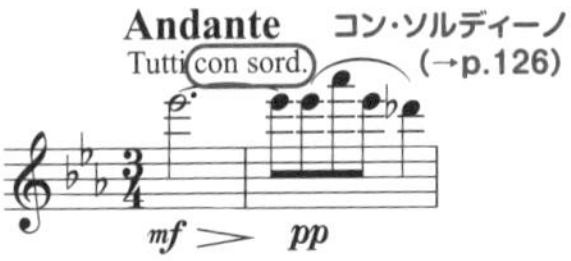

第112小節 morendo→Tempo I　ソロ・チェロ

第3曲

水星

翼のある使いのもの

動きのある譜面を見てみよう

冒頭

2つの大きなラインが見えるけど、楽器がみるみるうちに交代していく。音色の変化をよく聴きたい……でもテンポはヴィヴァーチェ！　速すぎ！

第4曲　木星　歓喜をもたらすもの

4つの有名なテーマを見てみよう！

「ミソラ」と「ラドレ」が微妙にずれて疾走、混沌！まるでエコーがかかっているような音響効果！

冒頭　第1・2ヴァイオリン

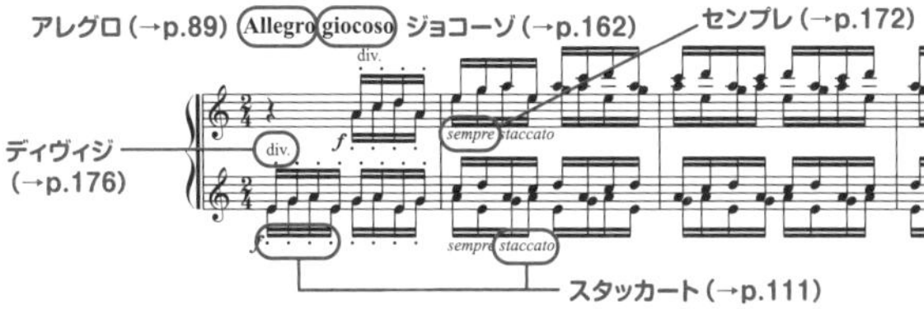

スタッカートとテヌートの巧みな書き分けでメリハリ抜群！

第1テーマ（第6小節）　F管ホルンⅠ・Ⅱ

第2テーマ（第65小節）　ホルン、トロンボーン、テューバ、弦楽器

ア・テンポ（→p.95）
「元の速さで」の意。4小節前にritenuto（リテヌート、ただちに遅く→p.94）の指示がある。

𝄾（→p.28）のおかげで躍動感が生まれている。もし♩（→p.24）の連続だったら、こんなにリズミカルなシーンになっていないはず。

第3テーマ（第108小節） ホルン、弦楽器

3連符（→p.42）のちょっとした遊びが軽やかでたまらない！

ピッツィカート（→p.139）

ここで4分の2拍子から4分の3拍子に変わるが、♩の長さは変えずに演奏する。

アルコ（→p.139）

弦楽器の2つの𝄽（→p.28）によってホルンが引き立ち、場が引きしまる！

第4テーマ（第193小節） クラリネット、ファゴット、ホルン、ハープ、弦楽器

マエストーソ（→p.163）

ここで4分の2拍子から4分の3拍子に変わるが、ここからの♩は、4分の2拍子のときの𝅗𝅥と同じ長さで演奏する。

ホルンと弦楽器群が同じ音を奏でることで、おごそかであまりにも美しい響きを生み出している。それ以外のパートのハッとする𝄽も絶妙！

第5曲　土星　老いをもたらすもの

ハープのハーモニクスに耳をすまそう

フルートの中低音＋ハープのハーモニクスは、やわらかくて神秘的な響き。ホルストの音色への追求が感じられる。コントラバスは、記譜より1オクターヴ下が鳴るため、音域の差のインパクト大！

冒頭

第6曲　天王星　魔術師

モチーフの変化を見てみよう

冒頭の「ソ-ミ♭-ラ-シ」（ドイツ音名でG-Es(S)-A-H）という作曲者名GUSTAV HOLSTから作られたといわれる音型が登場。以降、このモチーフがさまざまな形で現れる。

冒頭

フェルマータの連続に、何か重要なメッセージが隠れていそう。

第7曲　海王星　神秘なるもの

はるかなる宇宙へと消えゆく響き

最終曲は、なんと全曲 *pp*（→p.100）で最後は *pppp*！ 後半に加わる女声合唱はステージ裏に配置され、最後の1小節は女声合唱のみに。ホルストはこの小節をリピート記号（→p.76）で囲み、「この小節は、音がかなたに消えていくまで繰り返される」と書いている。神秘的な響きと実験に満ちたスコアは見どころ満載！

いろいろな記号や用語もたくさん出てくるので、ぜひ演奏に耳を傾けながらスコアをめくってみてほしい。

作曲家のココロ

いろいろな楽器を知るということ

私はピアノ曲を弾くときも書くときも、たいてい頭の中でオーケストレーションします。曲によっては、深く考えなくてもオーケストラの音で聞こえてくることもよくあります。

イメージする楽器によって、演奏の場合はタッチが変わってきますし、作編曲をする場合は新たなアイディアがわいてきます。何より、モノクロのピアノ曲をカラフルなオーケストラで想像することがもう楽しくて仕方がありません！

オーケストラは、西洋音楽の真骨頂だと思うのです。時代の流れ、作曲家の知性に触れられ、私たちの音楽の世界、視野、聴感を広げてくれます。

音楽を聴いて、ささいなことにも感動できる研ぎ澄まされた感性と耳さえあれば、もはや知識はあまり必要ないのかもしれません。さまざまな音色を知れば、聞こえてくる音や、気づくこと、そして感動の数が増えます。それは、音楽ライフの上で最大の喜びだと思うのです！

ご自身でも演奏される方はぜひ、自分の楽器以外の音楽も、どんどん聴いてみてください。きっとご自身の演奏にも生きるヒントに、たくさん出会えるはずです。

主な楽器の各国語表記と略号

木管楽器	(英) woodwinds (伊) legni (独) Holzblasinstrumente (仏) bois	ウッドウィンズ レーニ ホルツブラスインストゥルメンテ ボワ	
ピッコロ	(英) piccolo (伊) flauto piccolo/ottavino (独) kleine Flöte (仏) petite flûte	ピッコロ フラウト・ピッコロ／オッタヴィーノ クライネ・フレーテ プティット・フリュート	Picc. Ott. Kl.Fl. Pte Fl.
フルート	(英) flute (伊) flauto (独) Flöte (仏) flûte	フルート フラウト フレーテ フリュート	Fl.
オーボエ	(英) oboe (伊) oboe (独) Oboe (仏) hautbois	オーボー オーボエ オーボエ オーボワ	Ob. Hb.
イングリッシュ・ホルン (コーラングレ)	(英) English horn (伊) corno inglese (独) Englischhorn (仏) cor anglais	イングリッシュ・ホーン コルノ・イングレーゼ エングリッシュホルン コーラングレ	E.H. C.ing. Ci. C.A
クラリネット	(英) clarinet (伊) clarinetto (独) Klarinette (仏) clarinette	クラリネット クラリネット クラリネッテ クラリネット	Cl. Kl. Clar.
バス・クラリネット	(英) bass clarinet (伊) clarinetto basso (独) Bassklarinette (仏) clarinette basse	バス・クラリネット クラリネット・バッソ バスクラリネッテ クラリネット・バース	B.Cl. B.Kl. Clar.b.
ファゴット (バスーン)	(英) bassoon (伊) fagotto (独) Fagott (仏) basson	バスーン ファゴット ファゴット バソン	Bsn. Bssn. Fg.／Fag. Bas.
コントラファゴット (ダブル・バスーン)	(英) double bassoon (伊) controfagotto (独) Kontrafagott (仏) contrebasson	ダブル・バスーン コントロファゴット コントラファゴット コントルバソン	D.Bsn. C.Fg. Cbs.
サクソフォーン	(英) saxophone (伊) sassofono (独) Saxophon (仏) saxophone	サクソフォーン サッソーフォノ ザクソフォン サクソフォーヌ	Sax.
金管楽器	(英) brass instruments (伊) ottoni (独) Blechinstrumente (仏) cuivre	ブラス・インストゥルメンツ オットーニ ブレヒインストゥルメンテ キュイーヴル	
ホルン	(英) horn (伊) corno (独) Horn (仏) cor	ホーン コルノ ホルン コール	Hr. Hn. Cor.
トランペット	(英) trumpet (伊) tromba (独) Trompete (仏) trompette	トランペット トロンバ トロンペーテ トロンペット	Tr. Trp. Tpt.

トロンボーン	(英) trombone (伊) trombone (独) Posaune (仏) trombone	トロンボーン トロンボーネ ポザウネ トロンボーヌ	Trb. Tbe. Pos.
ユーフォニアム	(英) euphonium (伊) eufonio (独) Euphonium (仏) euphonium	ユーフォニアム エウフォーニオ オイフォニオン ウーフォニオム	Euph. Eup.
テューバ	(英) tuba (伊) tuba (独) Tuba (仏) tuba	テューバ トゥーバ トゥバ テュバ	Tb. Tba. Tub.
打楽器	(英) percussion (伊) percussioni (独) Schlagzeug (仏) batterie	パーカッション ペルクッシオーニ シュラークツォイク バトリ	
ティンパニ	(英) kettledrums (伊) timpani (独) Pauken (仏) timbales	ケトルドラム ティンパニ パウケン タンバル	Kd. Timp. Pk. Timb.
大太鼓 (バス・ドラム)	(英) bass drum (伊) grancassa (独) große Trommel (仏) grosse caisse	バス・ドラム グランカッサ グロッセ・トロンメル グロース・ケス	B.D. Gr.C. Gr.Tr.
小太鼓 (スネア・ドラム)	(英) snare drum (伊) tamburo piccolo (独) kleine Trommel (仏) caisse claire	スネア・ドラム タンブーロ・ピッコロ クライネ・トロンメル ケス・クレール	S.D. Tmb.P. Kl.Tr. C.Cl.
シンバル	(英) cymbals (伊) piatti (独) Becken (仏) cymbales	シンバル ピアッティ ベッケン サンバル	Cym. Ptti. Beck. Cymb.
トライアングル	(英) triangle (伊) triangolo (独) Triangel (仏) triangle	トライアングル トゥリアンゴロ トゥリアンゲル トリヤーングル	Tri. Trg. Tr.
タンバリン	(英) tambourine (伊) tamburello (独) Tamburin (仏) tambour de basque	タンバーリン タンブレッロ タンブリン タンブール・ドゥ・バスク	Tamb.
シロフォン (木琴)	(英) xylophone (伊) silofono (独) Xylophon (仏) xylophone	ザイロフォーン シローフォノ クシュロフォン グズィロフォーヌ	Xyl.
グロッケン シュピール (鉄琴)	(英) glockenspiel (伊) glockenspiel (独) Glockenspiel (仏) jeu de timbres	グロッケンシュピール グロッケンシュピール グロッケンシュピール ジュ・ドゥ・タンブル	Glo.
鍵盤楽器	(英) keyboard (伊) tastiere (独) Tastatur/Klavier (仏) clavier	キーボード タスティエーレ タスタトゥーア／クラヴィーア クラヴィエ	
ピアノ	(英) piano (伊) pianoforte (独) Klavier (仏) piano	ピアノ ピアノフォルテ クラヴィーア ピアノ	Pf. Kl. Pno.

オルガン	(英) organ (伊) organo (独) Orgel (仏) orgue	オーガン オルガノ オルゲル オルグ	Org.
チェンバロ	(英) harpsichord (伊) clavicembalo (独) Cembalo (仏) clavecin	ハープシコード クラヴィチェンバロ チェンバロ クラヴサン	Hpsd. Cemb. Clav.
チェレスタ	(英) celesta (伊) celesta (独) Celesta (仏) célesta	チェレスタ チェレスタ チェレスタ セレスタ	Cel. Cél.
擦弦《さつげん》楽器	(英) strings (伊) archi (独) Streichinstrumente (仏) cordes	ストリングス アルキ シュトライヒインストゥルメンテ コルド	
ヴァイオリン	(英) violin (伊) violino (独) Violine/Geige (仏) violon	ヴァイオリン ヴィオリーノ ヴィオリーネ／ガイゲ ヴィオロン	Vn. Vl. Vln.
ヴィオラ	(英) viola (伊) viola (独) Bratsche (仏) alto	ヴィオラ ヴィオーラ ブラッチェ アルト	Va. Vla. Br. Alt.
チェロ	(英) cello (伊) violoncello (独) Violoncello (仏) violoncelle	チェロ ヴィオロンチェッロ ヴィオロンチェロ ヴィオロンセル	Vc. Vlc.
コントラバス （ダブル・ベース）	(英) double bass (伊) contrabasso (独) Kontrabaß (仏) contrebasse	ダブル・ベース コントラバッソ コントラバス コントルバース	DB. Cb. Kb.
撥弦《はつげん》楽器			
ハープ	(英) harp (伊) arpa (独) Harfe (仏) harpe	ハープ アルパ ハルフェ アルプ	Hp. Arp. Hrf.
その他			
オーケストラ	(英) orchestra (伊) orchestra (独) Orchester (仏) orchestre	オーケストラ オルケストラ オルケスタ オルケストル	Orch.
指揮者	(英) conductor (伊) direttore (独) Dirigent (仏) chef d'orchestre	コンダクター ディレットーレ ディリゲント シェフ・ドルケストル	Cond.
合唱	(英) chorus (伊) coro (独) Chor (仏) chœur	コーラス コーロ コール クール	Chor.

注:イタリア語の複数形は以下のように変化する。
●語尾が「o」と「e」→語尾が「i」（例）flauto→flauti　oboe→oboi
●語尾が「a」→語尾が「e」（例）tromba→trombe

作品整理番号

BWV　ベー・ヴェー・ファウ（J.S.バッハ作品目録）

BWVは、ドイツ語のBach Werke Verzeichnis（バッハ・ヴェルケ・フェアツァイヒニス）の略で、ドイツの音楽学者W.シュミーダーによるJ.S.バッハの作品番号。ジャンル別で作曲年代順ではない。BWV1は、教会カンタータ「暁の星のいと美しきかな」。

D.　ドイチュ番号　(独)Deutsch Nummer

オーストリアの音楽学者O.E.ドイチュによるシューベルトの作品番号。歌曲「魔王」はD.328。

Hob.　ホーボーケン番号　(独)Hoboken Nummer

オランダの音楽学者A.v.ホーボーケンによるハイドンの作品整理番号。Hob.XVII/20のように書く。ローマ数字はジャンルを表し、算用数字はそのジャンル内での作曲順を表す。Hob.I/1は交響曲第1番。

K.／KV　ケッヘル番号　(独)Köchel Nummer

オーストリアの音楽研究家L.v.ケッヘルによるモーツァルトの作品目録の作品番号。年代順に配列されている。K.Anh.はドイツ語のKöchel Anhang（ケッヘル・アンハング）の略で、付録番号のこと。オペラ「フィガロの結婚」はK.492。

Op.　オーパス／オプス　(ラ)(英)opus (伊)opera (独)Opus (仏)œuvre

「作品」を意味するラテン語opusの略語で、作曲家ごとにつけられる作品番号のこと。作曲家自身が年代順につける番号のほか、出版社や後世の研究者がつける番号もある。Op.posth. はOpus posthumus（オプス・ポストゥムス）の略で、作曲家の死後に公表された作品を指し、「遺作」と呼ばれる。

WoO.　キンスキー番号　(独)Kinsky Nummer

WoO.（ヴェー・オー・オー）は、ドイツ語のWerk ohne Opuszahl（ヴェルケ・オーネ・オプスツァール）の略語で、「作品番号のない作品」の意。作曲家が存命中に作品番号をつけなかった楽曲に対して、後世につけられた補足番号を示す。ドイツの音楽学者G.L.キンスキーらによるもので、ベートーヴェンなどドイツ語圏の作曲家の作品に対して用いられる。ベートーヴェンの「エリーゼのために」はWoO.59。

編成・その他の用語

交響曲（シンフォニー）	(英)symphony (伊)sinfonia (独)Symphonie (仏)symphonie
協奏曲（コンチェルト）	(英)concert (伊)(仏)concerto (独)Konzert
独唱／独奏（ソロ）	(英)(仏)(伊)solo (独)Solo
二重唱／二重奏（デュエット／デュオ）	(英)duet／duo (伊)duetto／duo (独)Duett／Duo (仏)duo
三重唱／三重奏（テルツェット／トリオ）	(英)(伊)(仏)trio (伊)terzetto／trio (独)Terzett／Trio
四重唱／四重奏（カルテット）	(英)quartet (伊)quartetto (独)Quartett (仏)quatuor
五重唱／五重奏（クインテット）	(英)quintet (伊)quintetto (独)Quintett (仏)quintette
六重唱／六重奏（セクステット）	(英)sextet (伊)sestetto (独)Sextett (仏)sextuor
七重唱／七重奏（セプテット）	(英)septet (伊)settimino (独)Septett (仏)septuor
八重唱／八重奏（オクテット）	(英)octet (伊)ottetto (独)Oktett (仏)octuor

合唱（コーラス）	(英)chorus (伊)coro (独)Chor (仏)chœur (略)Chor.
斉唱	(英)unison (伊)unisono (略)unis. ＊複数の人が同じ旋律を一緒に歌うこと
ア・カッペッラ	(伊)a cappella ＊無伴奏の合唱曲
女声	(英)female voice (伊)coro femminile (独)weibliche Stimme (略)F.Chor.
男声	(英)male voice (伊)coro maschile (独)Männerstimme (略)M.Chor.
混声	(英)mixed voices (伊)coro misto (独)gemischte Stimmen (仏)chœur mixte
ソプラノ	(英)(伊)(仏)soprano (独)Sopran (略)Sop.／S.
メッゾ・ソプラノ	(英)(伊)(仏)mezzo soprano (独)Mezzosopran (略)Ms.
アルト	(英)(仏)alto (伊)contralto (独)Alt (略)A.
テノール	(英)tenor (伊)tenore (独)Tenor (仏)ténor (略)Ten.／T.
バリトン	(英)bariton (伊)baritono (独)Bariton (仏)baryton (略)Bar.
バス	(英)bass (伊)basso (独)Baß (仏)basse (略)B./Bas.
カウンターテナー	(英)countertenor (伊)controtenore
ボーイ・ソプラノ	(英)boy soprano (伊)voce bianca (独)Kindersopran (仏)soprano d'enfant

楽章	(英)movement (伊)movimento (独)Satz (仏)mouvement
主題（テーマ）	(英)theme (伊)tema (独)Thema (仏)thème
変奏	(英)(仏)variation (伊)variazione (独)Variation／Veränderung (略)var.
序奏	(英)(仏)introduction (伊)introduzione (独)Einleitung
コーダ（終結部）	(英)(伊)(仏)coda (独)Koda
カデンツァ	(英)(仏)cadence (伊)cadenza (独)Kadenz (略)cad.

50音順 インデックス

る

れ

ろ

ABC順 インデックス

N

O

P

Q

R

S

T

U

V

W

Z

編著

轟 千尋（とどろき・ちひろ）

作曲家。東京藝術大学音楽学部作曲科卒業、同大学院修士課程修了。著書『いちばん親切な楽譜の読み方』『いちばん親切な楽典入門』（新星出版社）、曲集『星降る町の小さな風景 － ピアノのための28の小品 － 』（全音楽譜出版社）ほか。

構成・執筆

有泉久美子（ありいずみ・くみこ）

作・編曲家、音楽指導者。東京藝術大学作曲科卒業。ピアノレッスンに役立つ楽譜の出版や雑誌の連載、指導法の講座を行う。

北原敦子（きたはら・あつこ）

東京藝術大学作曲科卒、同大学院ソルフェージュ科修了。作・編曲家、ピアノ教室主宰。教本や曲集の校訂・編集を多数手がける。

工藤啓子（くどう・けいこ）

武蔵野音楽大学音楽学学科卒。音楽書を中心に企画・編集・執筆に携わる。著書『4コマピアノ音楽史 ピアノの誕生～古典派編』ほか。

デザイン	野津明子	楽譜浄書	株式会社スタイルノート
イラスト	駿高泰子	協力	内野さゆり　白鳥 光
編集・プロデュース	北川由子		

本書の内容に関するお問い合わせは、書名、発行年月日、該当ページを明記の上、書面、FAX、お問い合わせフォームにて、当社編集部宛てにお送りください。電話によるお問い合わせはお受けしておりません。
また、本書の範囲を超えるご質問等にもお答えできませんので、あらかじめご了承ください。

FAX：03－3831－0902

お問い合わせフォーム：https://www.shin-sei.co.jp/np/contact-form3.html

落丁・乱丁のあった場合は、送料当社負担でお取替えいたします。当社営業部宛にお送りください。

いちばん親切な音楽記号用語事典

2021年7月15日　初版発行
2024年5月5日　第4刷発行

編著者　轟 千尋
発行者　富永靖弘
印刷所　今家印刷株式会社

発行所　東京都台東区台東2丁目24　株式会社 新星出版社
〒110-0016　☎03(3831)0743

ISBN978-4-405-07333-3